周蓓 主编

『民國專題史』叢書

(美)俾耳德 巴格力 著 魏野疇 譯

河南人民出版社

美國史

本書完整地叙述了從發現美洲至第一次世界大戰的美國歷史，可分爲七大部分：探險移居及殖民；獨立戰爭及新國家的建設；初期的政治及疆域的發展；國家民主主義的發達；奴隸問題、南北戰爭及善後；五十年的進步；新民主政治及大戰

圖書在版編目(CIP)數據

美国史 / (美)俾耳德,(美)巴格力著;魏野畴译.
—鄭州 : 河南人民出版社,2016. 10
(民國專題史叢書 / 周蓓主編)
ISBN 978-7-215-10532-4

Ⅰ. ①美… Ⅱ. ①俾… ②巴… ③魏… Ⅲ. ①美国-历史 Ⅳ. ①K712.0

中國版本圖書館 CIP 數據核字(2016)第 256612 號

河南人民出版社出版發行
(地址:鄭州市經五路 66 號 郵政編碼:450002 電話:65788063)
新華書店經銷 河南新華印刷集團有限公司印刷
開本 710 毫米×1000 毫米 1/16 印張 11.75
字數 75 千字
2016 年 10 月第 1 版 2017 年 1 月第 1 次印刷

定價 : 75.00 圓

出版前言

中國現代學術體系是在晚清西學東漸的大潮中逐步形成的。至民國初建，中央政治權威進一步分散和削弱，加之新文化運動帶給國人思想上的空前解放，新學的啓蒙，新知識分子的產生，民國學術如草長鶯飛，進入一個自由而蓬勃的時代。中國傳統學科乃中國學術之根基與菁華所在，民國學人采用『取今復古，别立新宗』之方法，引入西方的學術觀念，積極改造，使史學、文學等學科向現代學術方向轉型。此外，大力推介西方社會科學的新學科和自然科學，在學習、借鑒乃至移植西方現代學術話語和研究範式的過程中，逐漸建立中國現代學科，使中國的學科門類迅速擴展。一時間，新舊更迭，中西交流，百花齊放，萬壑争流，開創了中國現代學術的源頭。

伴隨知識轉型和研究範式轉换而來的，還有學術著作撰寫方式的創新。中國古代的著作向來以單篇流傳，經後人整理匯編後，方以成册成集的面目出現并持續傳播。直到十九世紀末，東西方的歷史編撰體裁不外乎多卷本的編年體、紀傳體和紀事本末體等，章節體的出現標志着近代西方學術規範的產生和新史學的興起。章節體具有依時間順序，按章節編排；因事立題，分篇綜論；既分門别類，又綜合通貫的特點。以章、節搭建起論述之框架，結構分明，邏輯清晰，較傳統的撰寫體裁容量大、系統性强。它的傳入，使中國現代學術體系從内容到形式被納入了全球化的軌道。民國時期專題史的研究、譯介、編纂、出版恰恰是在這樣的背景下欣欣而發，是學術的實驗場，也是歷史的記録儀。編選『民國專題史』叢書的初衷正是爲了從一個側面展示中國學術從傳統向現代過渡的歷史進程。

專題史是對一個學科歷史的總結，是學科入門的必備和學科研究的基礎，也是對一個時代艱深新鋭問題的解答，是學術研究的高點。民國專題史著作中，既包含通論某一學科全部或一時代（區域、國别）的變化過程的，又囊括對一時代或一問題作特殊研究的，還有少部分是對某一專題的史料進行收集的。原創與翻譯并重，翻譯的底本大多選擇該學科的代表著作或歐美大學普及教本，兼顧權威性和流行性，其中日本學者的論著占據了相當比重。日本與中國同屬東亞儒家文化圈，他們在接納西方學術思想和研究模式時，已作了某種消化與調適，從思維轉換的角度看，更便于中國借鑒和利用，他們的著作因而被時人廣泛引進。

與當代學術研究日趨專業化、專門化、專家化的『窄化』道路迥乎不同的是，中國傳統學術崇尚『學問主通不主專，貴通人不尚專家』的通識型治學門徑，處于過渡轉型期的民國學術在不同程度上保留了這種特徵。民國學術大師諸學科貫通一脉、上千年縱橫捭闔之功力自不待冗言，外交家著倫理政治史、文學家著哲學史、化學家著戰争史等亦不乏其人，民國專題史研究呈現出開放、融通、跨界撰述的特點。與此同時必須看到，自晚清以來，中國的命運就在外侮屢犯、内亂頻仍的窘境中跌宕彷徨，民族存亡仿若命懸一綫。這股以創建學科、總結經驗、解決問題爲指歸的專題史出版風潮背後，包裹着民國學人企望以西學爲工具拯民族于衰微的探索精神，及以學術救亡的愛國之心。梁任公曾言：『史學者，學問之最博大而最切要者也，國民之明鏡也，愛國心之源泉也。』這種位卑未敢忘憂國的歷史使命感和國民意識是今人無法漠視和遺忘的。

『民國專題史』叢書收録的範圍包括現代各個學科，不僅限于人文社會科學，學科分類以《民國總書目》的分科爲標準，計有哲學、宗教、社會、政治、法律、軍事、經濟、文化、藝術、教育、語言文字、中國文學、外國文學、中國歷史、西方史、自然科學、醫學、工業、交通共19個學科門類。本叢書分輯整理出版，内不分科，單本發行，方便讀者按需索驥。既可作爲大專院校圖書館、學術研究機構館藏之必備資源，也可滿足個人研讀或興趣之收藏。

與目前市場已有的一些專題史叢書相比，『民國專題史』叢書具有規模大、學科全、選本精、原版影印的特點。本叢書選目首重作者的首創、權威和著作影響力，尤其注重選本的稀見性。所謂稀見，即建國後没有再版，且多數圖書館没有收藏，或即便有收藏，也是歸于非公開的珍本之列予以保存，普通讀者難以借閲。部分圖書雖有電子版，但作爲學術研究的經典原著讀本，紙質版本更利于記憶和研究之用。本叢書精揀版本最早、品相最佳的原版圖書作爲底本，因而還具有很高的版本收藏價值。

『民國專題史』的著作是民國學者對于那個時代諸問題之探究，往往有獨到之處，無論其資料、觀點短長得失如何，要之在中國現代學術史的構建與發展進程中，自有其開宗立論之地位。

總序

這部叢書發端於十年前，計劃於三年前，中歷徵稿、整理、排校種種程序，至今日方能與讀者相見在我們，總算是「慎重將事」，趁此發行之始，謹將我們「慎重將事」的微意略告讀者。

這部叢書之發行，雖然是由中華書局負全責，但發端卻由於我個人，所以敍此書，不得不先述我個人計劃此書的動機。

我自民國六年畢業高等師範而後，服務於中等學校者七八年。在此七八年間無日不與男女青年相處，亦無日不爲男女青年的求學問題所擾。我對於此問題感到較重要者有兩方面：第一是在校的青年無適當的課外讀物，第二是無力進校的青年無法自修。

現代的中等學校在形式上有種種設備供給學生應用，有種種教師指導學生作業，學生身處其中似乎可以「不遑他求」了。可是在現在的中國，所謂中等學校的設備，除去最少數的特殊情形外，大多數都是不完不備的。而個性不同各如其面的中等學生，正是身體精神急劇發展的時候，其求知慾特別增長，課內的種種絕難使之滿足，於是課外閱讀物便成爲他們一種重要的需要品。不幸這種需要品又不能求之於一般出版物中。這事實，至少在我個人的經驗是足以證明的。

當我在中等學校任職時，有學生來問我課外應讀什麼書，每感到不能爲他開一張適當的書目，而民國十年主持吳淞中國公學中學部的經驗，更使我深切地感到此問題之急待解決。

在那裏我們曾實驗一種新的教學方法——道爾頓制，此制的主要目的在促進學生自動解決學習上的種種問題，以期個性有充分之發展。可是在設備上我們最感困難者是得不着適合於他們程度的書籍，尤其是得不着適合於他們程度的有系統的書籍．

我們以經費的限制，不能遍購國內的出版品，爲節省學生的時間計，亦不願遍購國內的出版品，可是我們將全國出版家的目錄搜集齊全，並且親去各書店選擇，結果費去我們十餘人數日的精力，竟得不到幾種眞正適合他們閱讀的書籍．我們於失望之餘，曾發憤一時擬爲中等學生編輯一部青年叢書．只惜未及一年，學校發生變動，同志四散，此項叢書至今猶祇無系統地出版數種．

此是十年前的往事，然而十餘年來在我的回憶中卻與當前的新鮮事情無異．

其次，現在中等學生的用費，已不是內地的所謂中產階級的家長所能負擔，而青年的智能與求知慾，卻並不因家境的貧富而有差異，且在職青年之求知慾，更多遠在一般學生之上．卽就我個人的經驗而論，十餘年來，各地青年之來函請求指示自修方法，索開自修書目者，多至不可勝計，我對於他們媿不能

盡指導之責但對此問題之重要卻不曾一日忽視

根據上述的種種原因所以十餘年來我常常想到編輯一部可以供青年閱讀的叢書以爲在校中等學生與失學青年之助.

大概是在民國十四五年之間,我曾擬定兩種計劃:一是少年叢書,一是百科叢書,與中華書局陸費伯鴻先生商量,當時他很贊成,立即進行,後以我們忙於他事,無暇及此,遂致擱置.十九年一月我進中華書局,首卽再提此事,於是由計劃而徵稿,而排校.至二十年冬,已有數種排出.當付印時,因估量青年需要與平衡科目比率,忽然發現有不甚適合的地方,便又重新支配,已排就者一概拆版改排,遂致遷延至今,始得與讀者相見.

我們發刊此叢書之目的,原爲供中等學生課外閱讀,或失學青年自修研究之用.所以計劃之始,我們卽約定專家,分別開示書目,以爲全部叢書各科分量之標準.在編輯通則中,規定了三項要點:卽(一)日常習見現象之學理的說明，(二)取材不與教科書雷同而又能與之相發明，(三)行文生動，易於了解，務期能啓發讀者自動研究之興趣．爲要達到上述目的，第一我們不翻譯外籍，以免直接採用不適國情的材料，致虛耗青年精力，第二約請中等學校教師及從事社會事業的人擔任編輯，期得各本其經驗，針對中等學生及一般青年的需要，以爲取材的標準，指導他們進修的方法．在整理排校方面，我們更知非一人之力所能勝任，乃由本所同人就各人之所長，分別擔任．爲謀讀者便利計，全部百冊，組成一大單元，同時可分爲八類，每類有書八冊至廿四冊，而自成爲一小單元，以便讀者依個人之需要及經濟能力，合購或分購．

此叢書費數年之力，始得出版，是否果能有助於中等學生及一般青年之修業進德，殊不敢必，所謂「身不能至，心嚮往之」而已．望讀者不吝指示，俾得更謀改進，幸甚幸甚．

舒新城．二十二年三月．

編輯凡例

一、本書以簡明方法敍述美國成立之由來及其社會、政治、經濟之演化和發展，備供中等程度學生及初習美國史者閱讀之用.

二、美國歷史發展之趨勢，可分爲三個時期：自歐洲人之探險至美國之獨立，爲美國成立史；自美國獨立至十九世紀末年，爲美國資本主義發達史；自美西戰爭至現在，爲美國帝國主義時代史.本書之章次即依此排列，第一章至第三章當第一時期，第四章至第六章當第二時期，第七章至第九章爲第三時期.

三、美國爲世界資本主義之王國，美國歷史中最堪注目者，也就是它那經濟的發展，故本書取材亦偏重於經濟史料.

四、研究外國史之目的，在於明白世界之現狀以及其與吾人實生活之影響，故本書編輯時，第一、注意現代美國之由來，第二、注意美國與現代世界經濟、政治的關係以及其對於吾國之重要影響.

五、本書敍事與分析並重，對於美國歷史之重大事件，都敍述其由來及影響，並予以扼要的剖析，藉以指明美國歷史發展的一貫線索.

六、本書每章之後，必附問題數則，書末附參考書目及美國歷任大總統表美利堅合衆國領地面積表，以備讀者研習及參考之用.

七、本書編纂時，多承　盧文迪君之助，甚爲感激；謹于此附致謝意.

美國史目次

圖表目次

美國史

第一章 美洲之發見及其原始文化

第一節 探險事業發達的原因

現在的北美合衆國，是在美洲發現後由歐洲人的移殖而建立起來的國家，所以我們要敍述美國發展的歷史，應該由美洲的發見和歐洲人的殖民開始.

一般人都以爲最先發見美洲的是芝諾亞(Genoa)人哥倫布(Christopher Columbus)，實際上諾爾曼人(Normans)萊夫列克孫(Leif Ericsson)在哥倫布以前大約五百年，已經發見了美洲.那麼我們要疑問：爲甚麼哥倫布的發見美洲成爲歷史上的著名事件，而諾爾曼人發見新大陸的功績，反被後人遺忘了呢？要解答這個疑問，我們必須對這數百年間歐洲之社會的和政治的變化，有個簡約的概念.

自公元一〇〇〇年左右諾爾曼人發見美洲至一四九二年哥倫布之航抵新大陸，這五百年間，歐洲歷史上發生的重要變動，約而言之，就是舊制度的破壞和商業經濟的發展.在中古時代，歐洲的經濟完全以農業爲基礎，商業在整個經濟機構上的作用很小.但自十二世紀中葉以後，生產物的交換擴大，都市也跟着發展起來.這些作爲商業中心的都市，起初是不定期的市集，後來變爲固定的貿易樞紐.隨着商業的發展，都市中商人經濟力日益雄厚，他們遂對封建領主揭起「都市獨立」的要求，「都市的空氣使人自由」變成當時一般人口中的俗諺了.經濟上既有如此的變動，所以意大利便掀起了「文藝復興」的機運，而宗教改革運動也最先在德國發動了.這些事件，動搖了中古的歐洲社會之基礎，使歷史踏進近代的階段.

當時歐洲的商業,是以與東洋的貿易爲中心.歐洲從東洋方面輸入的商品,是香料、茶、咖啡、寶石、珍貴的紡織物、染料、香水、絨毯等,這些物品起初數量很少,祇是售給莊園領主和貴族們作奢侈品,後來因爲數量的增加,這些來自東洋的物品,慢慢的便成爲歐洲一般人的用品,以及必需品了.當時歐洲輸往東洋的商品,雖有毛織物、銅、錫、水銀、鉛等,但對東洋的貿易,總是經常的輸入超過輸出;因爲要抵償這貿易上的差額,歐洲的金銀就必然的向東洋流出,歐洲各國對於金銀的需求,因此就一年年的繼續遞增.

直到十五世紀時,歐洲與東方往來的商路,大體上有三條:第一條商路是出亞拉伯海 (Arabian Sea) 經紅海 (Red Sea) 而通地中海 (Mediterranean Sea) 的路;第二條是沿亞拉伯海及波斯灣 (Persian Gulf) 的海岸,復溯底格里斯河 (Tigris R.) 或幼發拉的斯河 (Euphrates R.) 再經陸路而至地中海;第三條是由中國新疆,逾葱嶺,經中亞細亞出黑海 (Black Sea) 及裏海 (Caspian Sea)而達地中海．這些由東洋運輸到地中海的東方商品，再經過意大利西班牙及法蘭西等商人的手，而散布於全歐．

在這對東方的貿易中，當時地中海沿岸許多商業都市，都因而致富了，他們的勢力也因而增强，到十五世紀，歐洲的商人已能支配政治的命運了，但此時卻發生一件很重大的事件，這就是阿斯曼土耳其(Osman Turks)的勃興，土耳其的遠征，開始於一三〇〇年的時候，在一個半世紀的時期中，已席捲全部小亞細亞，漸次破壞東西通商道路，一四五三年他們又攻陷了君士但丁堡(Constantinople)，使地中海諸都市失去了通商上的優越地位，而使意大利以及歐洲商人陷於困境．於是依賴東洋生產品的歐洲商人，便不得不尋求新的通商道路了．

在歐洲的商人要求新的通商路的時候，羅盤針亦已由中國傳入歐洲，加以當時歐洲一般通商的發達，使造船業日新月進的發展，此時歐洲已經能够造九百噸以上的大船：這都給與向大洋探求新航路的人以有力的工具，同時地圓之說也已盛行，很能激動當時聰明航海家的冒險的勇氣。總之，十五世紀歐洲的經濟狀況，已使探險事業成爲重要的事，並且已給探險事業準備好了技術上的基礎。

第二節　新大陸的發見

基於上述的經濟背景，歐洲歷史上乃出現了所謂「探險和發現時代」。在這個時代中，最先值得注意的人，是有名的葡萄牙王子亨利（Prince Henry The Navigator），他對於航海事業很感興味，便拿出他自己的私囊，來供給造船的費用。同時他更設立一個水手學校，搜集了許多關於航海的書籍及地圖，訓練出許多的水手，努力於新航路的發見。他並且相信繞過非洲的南端可以達到印度。雖然亨利王子的努力，除了在大西洋中發見一些島嶼以外，沒有完成另闢新航路的志願，但他死了以後，卻留下一大隊有能力的水手．到一四八六年，葡萄牙探險家狄亞子（Bartholomew Diaz）航行到非洲南端的好望角（Cape of Good Hope）．十二年以後，奧斯哥達加馬（Vasco Da Gama）更繞過好望角，橫航過印度洋，於一四九八年竟航到了印度南岸的古里（Culicut），給航海事業開了個新紀元．

當葡萄牙人在海洋上大肆活動的時候，其鄰國西班牙也聞風而起．其時意大利芝諾亞人哥倫布篤信地圓之說，以爲由大西洋一直向西航行可以達到印度，他把這個探險計畫去遊說葡萄牙王約翰第三（John III）和英王亨利第七（Henry VII），但都不能得到他們的贊助；後來卻說服了西班牙女王伊薩倍拉（Isabella），得女王的幫助，哥倫布乃於一四九二年八月從西班牙的巴羅斯（Palos）開始西航，費了兩個月的工夫，纔發見桑沙爾華陀島（San Salvador I.），哥倫布當時以爲其地便是印度，因此叫其地土人爲印第安人

（Indians）．後來人們知道哥倫布所發見的不是印度，爲了與印度易於分別起見，改稱這新發見而鄰近美洲大陸的島嶼爲西印度羣島（West Indies Is.），美洲的土人也改稱爲亞美利加印第安人（American Indians）．不久，哥倫布又發見了海地（Haiti）和古巴（Cuba）後來他又三次的航海，有一次曾經到過南美，但他卻始終以爲是亞洲的地方．

哥倫布像

在哥倫布尋求印度航路於無意中發見了美洲之後，意大利翡冷翠（Florence）人亞美利哥（Amerigo Vespucci）於一四九八年至一五〇五年間再往其地探險．發覺哥倫布所發見的不是印度而是另一新大陸，因而名之曰新大陸，他並且把自己探險的結果，繪成地圖，作成一個很詳細的報告，於是歐洲人士就叫這新大陸爲亞美利加洲（一五〇七）．起初亞美利加洲僅指南美而言，到後來整個的新大陸都用這個名稱了．

亞美利哥像

第三節　原始的美洲文化

美洲自發見了以後，即被劃入爲歐洲白種人的遠征或侵略的範圍之內．以後美洲的歷史，是歐洲人對土人的征服，是歐洲制度的移植和發展的歷史，因此從那時起，美洲土人的文化發展漸漸中絕，而讓位給新的歐洲文化了，所以西蒙(A. M. Simons)在其所著美國社會勢力發展史（Social Forces in American History）一書中說道：「結成美洲社會最初胚胎的社會進化之流，其主要的淵泉，實出自歐洲。」然則原始的美洲文化與美國歷史發展是沒有關係的麼？不是的，因爲他至少是歐洲文化移植過來的基礎。因此，在我們研究美國史之前，也得先有個關於原始美洲文化的預備知識。

原始的美洲土人，即所謂亞美利加印第安人，在歐洲人沒有發見美洲以前，他們的社會組織是盛行氏族制度。美國著名的原始文化的研究者摩爾根(L. H. Morgan)曾經說過，美洲各地土人的氏族制度，在本質上「都與易洛魁(Iroquois)種族的氏族完全相同。」我們現在就拿易洛魁族來做個例子。

易洛魁種族，據摩爾根氏的研究，是由八種氏族構成，這些氏族的名稱上，都冠有動物之名，這些就是：一、狼族，二、熊族，三、龜族，四、狸族，五、鹿族，六、鴨族，七、鷺族，八、鷹族．這便是圖騰（Totem）團體．氏族的內部成員是經營着共同的生活，他們的內部精神是民主的，勞動是共同的，易洛魁氏族中，盛行着下列諸習慣：

一、氏族首長及軍帥由一般氏族成員的選舉中選出；
二、氏族成員全體有罷免氏族首長及軍帥之權；
三、同在一氏族內的成員，不准互相結婚．
四、成員死亡時，其財產歸族內其他成員繼承，以防流出於氏族之外；
五、氏族成員各有互相扶持的義務；
六、氏族中有一定宗敎儀式，以强固氏族的內部團結；
七、氏族有公共墓地；
八、氏族中以氏人大會爲最高機關，在這民主的集會裏，男女成員均有平等的選擧權．

這樣的氏族彼此結合起來，就成爲胞族（Phratry），由數個胞族的集合，形

成爲部族(Tribe). 部族有如下的特色:

一、集合各氏族的首長及軍帥而爲部族集會, 處理對外對內一切事務;

二、部族集會有正式承認及罷免各氏族首長軍帥之權;

三、部族中有共通的觀念、神話及宗教儀式.

亞美利加及印第安人的氏族制度的結合, 大部分是止於胞族或部族, 祇有易洛魁族的印第安人纔有部族與部族之間的結合, 這個結合被稱爲「易洛魁聯合」(The League of the Iroquois). 此種聯合如果發展下去, 便會進化成國家, 但中途因歐洲人的侵入而瓦解了.

美洲土人謀取生活資料的方法, 主要的是漁獵、遊牧和簡單的農業. 「哥倫比亞河」(Columbia R.) 流域、赫德孫灣 (Hudson Bay)、加拿大 (Canada) 以及美洲大陸其他部分的印第安人, 大體是營狩獵、魚撈、採集艸等工作; 在新墨西哥 (New Mexico)、墨西哥 (Mexico)、中央美洲、安達斯 (Andes) 山脉平原地方的印第安人，則營簡單的農業；易洛魁、新英格蘭(New England)及斐基尼亞(Virginia)的印第安人，都營半耕半獵的生活．」〔一〕印第安人之間也有商業，他們交換的物品，主要的是穀物、陶器、皮貨、煙艸、獨木舟、野牛、木棉等的生活必需品．不過他們的商業交換，不是在各個人之間舉行，而是氏族與氏族間的交換．

註〔一〕見石濱知行著美國資本主義發達史第二章。

問題

一 北美合衆國的歷史開始於何時？

二 十五世紀歐洲探險事業發達的原因何在？試略述之．

三 哥倫布發見美洲是在那一年？ 他當時以爲自己所航到的地方爲何地？

四 亞美利加洲的名稱是怎樣來的？

五 試就本章第三節中所述，指出原始的美洲文化之特色．

第二章　英國殖民地的發展

第一節　歐洲各國的美洲殖民

美洲自從被哥倫布發見以後，歐洲人便不斷的航海而來，其中在美洲探險和殖民事業上先獲得成功的，是西班牙人。一五一二年雷恩（Leon）發見弗羅里達半島（Florida Pen.），一五一七年哥多瓦（Codova）探險至猶嘎旦（Yukatan）及中央美洲，科德茲（Cortez）於一五一九年發見墨西哥，一五二四年畢澤羅（Pizasro）又發見祕魯（Peru），一五三五年亞馬格羅（Almagro）發見智利（Chile）當時在美洲從事殖民地之尋求的，雖然還有葡萄牙人、法國人和英國人，但他們均因西班牙的排斥和其他原因，先後都遭失敗。所以在美洲發見後一百年間，殖民於北美的祇有西班牙人，到十七世紀爲止，在北美企圖建設永久殖民地的，也只有西班牙人。以後西班牙人還陸續而來，從事開拓。

更由弗羅里達半島擴張至得克撒斯（Texas），新墨西哥以及今日加利福尼亞（California）地方．

西班牙在美洲的殖民地雖然發展得很快，但西班牙政府的殖民政策，卻是貪得無厭的．西班牙每發見一比較富庶的地方，動輒以最野蠻的手段掠奪土人的財物，攫取巨量的金銀輸向本國．並且還爲了本國的利益禁止殖民地種植橄欖、葡萄、烟艸、痲等農作物，以藥、鹽、煙艸等物爲國家專賣品．此種貪得無厭的殖民政府，適足以阻止殖民地經濟的發展．

次西班牙人而着手殖民於美洲大陸的是荷蘭．荷蘭是當時歐洲的主要資本主義國家．一六一〇年以後，荷蘭商人在現在的紐約地方與北美印第安人實行交易，一六一八年，他們乃設立荷蘭西印度公司（The Dutch West India Company）於紐約附近，設新亞姆斯脫丹（New Amsterdam）殖民地，以後在赫德孫河（Hudson R.）和德拉瓦爾河（Delaware R.）附近擴張勢力．

如果西班牙人和荷蘭人的殖民動機是黃金的攫取和領地的擴大；則法國人的美洲殖民，除了這二個原因以外，還有宗教上的動機．十六世紀時，法國國內新舊二派教徒的宗教鬭爭異常劇烈，一五六二至一五六八年法國弗羅里達半島的殖民計畫，就是那些宗教鬭爭中失敗的人們的企圖．在一五三四年時，法人卡諦歐（Jacques Cartier）航行到聖羅倫斯河（St. Lawrence R.），旋由聖羅倫斯河而侵入內地，一六三四年抵密執安湖（Lake Michigan）．尼哥雷（Nicolet）更因而發見密執安湖與蘇必利爾湖（Lake Superior）中間的威斯康星（Wisconsin）和南面的伊里諾斯（Illinois）．一六七三年著名探險家馬貴特（Marquette）和若利歐（Joliet）下密西西比河（Mississippe R.）經過現在的聖路易（St. Louis）直達河口墨西哥灣．一六八二年薩爾（La Salle）又到內地去探險，在墨西哥設立路易西亞那（Louisiana）殖民地．不久又設立新奧良（New Orleans）和聖路易二城市，為密西西比河之下游及中游之重心這一來,法國在北美便占有了加拿大南至墨西哥灣的中部大陸的廣大領地.

除上述西班牙、荷蘭、法國及下節要說到的英國以外,其他歐洲各國的人民,亦有不少因政治的宗教的壓迫和經濟的窮困渡海而來的.其中主要的是蘇格蘭人、愛爾蘭人、瑞士人、德意志人、威爾斯和瑞典人.這些從歐洲來的居民,彼此雜處並互通婚姻.所以有人說,美國是人種的大融爐.

第二節 美洲英國殖民事業的發展

歐洲各國之殖民美洲大陸,其最值得注意的,就是英國的殖民.他是歐洲各國最後從事美洲殖民的國家,在亨利第七(Henry VII)的時候,雖也曾派人到海外去探險,但無成就可言.至依利薩白(Elizabeth)女王的時候,出了德拉克(Drake)、剌里(Raleigh)、吉爾伯特(Gilbert)等著名航海家,海外開拓的氣運因而大開但英國在美洲大陸上建立永久的殖民地，則始於詹姆士一世(James I.)一六〇六年，詹姆士一世予南斐基尼亞公司(The South Virginia Company 即倫敦公司)以在北緯三十四度至三十七八度一帶地域的特許權.又許普里茅斯公司(The Polymouth Company 即西斐基尼亞公司)在北緯四十一度至四十五度一帶地方的經營權；二公司領地的中間，則爲自由殖民地帶.

從此以後，英國的人民便不斷的渡海而來.我們知道，歐洲自從宗教改革的風潮掀起以後，宗教糾紛頻發，英王亨利第八(依利薩白的父親)因爲和羅馬教皇決裂，沒收了數百萬畝教會及僧尼的土地，改變之爲牧場，斷絕了那些土地上的農民的生路.依利薩白女王時，英國又與西班牙開戰，致使國民經濟更加窮困.此外，當時歐洲一方面因爲商業的發展，貨物的需要增大；另一方面，西班牙開採墨西哥祕魯的礦山，把金銀輸入歐洲，使歐洲的金銀比當時原有的增加三倍．金銀的增多使貨幣價值減小，物價騰貴，結果，一般勞動者無法爲生．這些飢寒交迫下的窮人，便跟着希望發財尋覓自由的紳士們，到新大陸上尋求生路．所以英國殖民地上的英國人民，便增加得很快，因而其發達的程度，也比較迅速．至一六二四年英王遂取消了倫敦公司的特許狀，收回殖民地的管理權，把他改爲「皇家行省．」

當英國從事美洲大陸殖民的時候，英本國因爲宗教問題發生了嚴重的糾紛，原來英國自亨利第八（一五〇九—四七）與教皇決裂以來，宣布英國教會獨立，後來英國宗教上一切儀式和崇拜，都由國家以法律規定，於是按照國會議案組織教會，稱爲「英國教會」或「正式國會」．當依利薩白女王在位時候，英國有一種清教徒（Puritans）不滿於正式教會，他們要求廓清教會，反對由舊教會遺傳下來的儀式，要求廢除偶像，主張良心的崇拜．清教徒在先還沒有給政府發生甚麼困難．不久另有一派異教派（Dissenters or Separatits）起來，反對正式教會的特權，主張各教派都有實行自己的崇拜、選擇自己的傳道士及職員的權利．英國正式教會爲要維持其尊嚴，對於標新立異的清教徒、異教徒，同樣都以嚴厲的方法來迫害．至詹姆士一世於一六〇三年卽位時，更以枷鎖拷打的方法迫使他們逃亡國外．清教徒、異教徒既不容於本國，乃決意到新大陸上來尋求自由．他們最先的一批在一六二〇年八月間乘「五月花（May Flower）」號船，於十一月間到達美洲的馬薩諸塞（Massachusetts）．

五月花在普利茅斯港

異教徒初抵北美的時候，他們受盡了種種的困厄，據說到第二年的夏天，他們已死去了一半，但其餘的人還是毫不畏縮的努力新天地的開闢．英本國政府雖然忿恨這些異教徒，卻希望他們能爲本國開拓疆土,所以也給他們一些土地.至一六二九年,異教徒、清教徒等愈來愈多了,他們更創辦了馬薩諸塞灣公司(Company of Massachusettes Bay in New England),從事馬薩諸塞灣殖民地的設立.

繼此,撒冷(Salem 1628)波士頓(Boston 1630)羅得島(Rhode I. 1636)康涅喀的克(Connecticut 1635—1636)等地都相繼被英人開闢爲殖民地.至一六六四年,荷蘭西印度公司所設立的紐約(當時稱爲New Amsterdam),也被英國人奪去,成爲英國的殖民地了.

上面所講的殖民地,大都是由英王特許公司設立的,此外地主殖民地亦復不少,如賓夕爾法尼亞(Pennsylvania—681)、新吉爾綏(New Jersey,1664)、馬里蘭(Maryland,1632)、喬治亞(Georgia,1732)都是.「這樣,在一六六〇年左右,英國的殖民地,在大西洋沿岸,從南部斐基尼亞而及於亞那波里(Annapolis)、馬里蘭,又沿德拉瓦爾河而至費拉德爾費亞(Philadelphia),連直到赫德孫灣、琅島（Long I.）、細因爲止的新英格蘭海岸也包含在內〔二〕所以在十八世紀中葉，北美洲沿大西洋大部皆爲英所有。

第三節　英法殖民地的戰爭

這時候，歐洲各國均採行重商主義，都紛紛從事海外殖民地之探求與開闢，以圖增加本國財富，因此國與國間常發生利害衝突，而英法兩國因爲殖民地互相連接，尤其在北美及印度兩地，更易發生衝突。因此自十七世紀末葉至十八世紀，英國與法國發生了多次的殖民地戰爭。

在北美洲方面，英法間第一次的戰爭是一六八九——一六九七年的英王威廉時的戰爭，第二次是一七〇一——一七一三年安（Anne）女王戰爭，第三次是一七四四——四八年的英王喬治（George）戰爭。這三次戰爭都沒有使兩國的殖民地爭奪得到一個結果，在美洲方面，也祇在結束第二次戰爭的幼立希條約(Treaty of Utrecht)中，英國由法國獲得阿卡底亞、赫得孫灣和紐芬蘭三地．於是兩國又有一七五四——六三年因俄亥俄(Ohio)問題引起的戰爭．

所謂俄亥俄問題是這樣的：俄亥俄河流域橫亙於英國殖民地的西部，是一塊天產豐富人口稀少的地帶．一七四九年法國曾派遠征隊到那裏去探險而宣布其地為法國所有．我們知道，英國在美洲的殖民地，無時不想西進向內陸開拓領地，因而俄亥俄河流域就成為他西進運動的對象了．英國為對付法國之占有該地域起見，組

織了一個俄亥俄公司（Ohio Co.）到那裏開發土地，設立商館，建築要塞，一時俄亥俄竟有了數百家的英國居民了．而法國方面，他也想把勢力向東發展伸張到大西洋沿岸，於是就在賓夕爾法尼亞西部建設了一排礮台以對付英國，這種敵對的形勢，到一七五四年乃爆發了戰爭．

在戰爭開始爆發的時候，英國的斐基尼亞總督派華盛頓（Washington）去守度坤礮臺（Port Duquerne），阻止法國人的東進，但不久即爲法兵所敗．以後英國軍繼續失利，差不多要被法國攻破了．恰值一七五七年，英國著名政治家庇得（William Pitt）擔任首相，他一面極力鼓勵殖民地人民和軍隊的勇氣，一面又派五萬得力的兵士到美洲來攻擊法軍的各處要塞．第二年，英國更因得强大艦隊的援助，奪回度坤礮臺，並取得法軍的其他許多要塞．

英軍既占領了法國的許多邊塞礮壘，乃向聖羅倫斯河（St. LorranceR.）方面進攻法軍最重要的根據地魁伯克（Quebec）．經過幾個星期的血戰，魁伯克也居然爲英國所敗，英軍遂完全征服了新法蘭西．

在美洲的英法殖民地發生戰爭時，歐洲也發生戰爭，這卽是一七五六——六三年的七年戰爭．到七年戰爭結束以後，締結巴黎條約，其中與美洲殖民地有關的是：

一、法國以全部加拿大及密西西比河以東之地，除新奧良以外，全部讓給英國．

二、西班牙以弗羅里達半島劃給英國，由法國讓路易西亞那給西班牙以爲償．

這樣，英國在美洲的領土便大大的擴張，給英語民族在北美大陸預備了一條迅速發達的道路．

註〔一〕見(Lippincott: Economic Developement of the United States, PP.56—57)

問題

一　試在地圖上指出當初西、荷、法三國在北美洲所獲得的殖民地.

二　歐洲各國的美洲殖民，於今日美國民族上有甚麼影響?

三　英國在美洲殖民，其發展的經過如何?

四　英法殖民戰爭爆發的原因何在?巴黎條約的結果如何?

第三章 美國的獨立

第一節 美洲殖民地在獨立前的經濟狀況

美洲殖民地上的歐洲居民，十分之九以上是經營農業的。他們的作物，一部分是由歐洲輸入的，一部分則是由印第安人那裏學習來的。但當時因為其地耕種技術的素朴，資本的缺乏和人工的不足，所以農業的進行十分艱難，而其中最困難的要算北部新英格蘭地方。

新英格蘭的土地是岩質的，氣候也很惡劣，不適宜於農業，並且與山脉靠近，人民都局促於海岸，所以那裏的居民就不得不靠漁業和販運印第安人的貨物——主要的是皮毛——來過活，至於工業品則幾乎完全仰給於英國。一六〇四年英國清教徒首領克林威爾（Cromwell）奪得政權，清教徒的移民驟減（新英格蘭移民幾乎都是清教徒，）與英國的交通突然衰落，那裏的居民便不能不由自己來製造工業品了。

一六四〇年五月，馬薩諸塞的議會因爲居民對於工業品的需要，下令招用善於編麻、紡織以及製造紡車的人。自此以後，新英格蘭的工業便迅速的發展。接着，他們因爲地理上沒有向內陸發展的可能，便自造船隻，運糖和酒到非洲去，運松脂、大麻和長桅到英國去。

工業既然發展了，他們便自造貨幣，同時他們的獨立意識也增强了。一六四三年成立的新英格蘭同盟（New England Confederation），就是那裏居民獨立精神增長的表現。

紐約、賓夕爾法尼亞、新吉爾綏、德拉瓦等英國殖民的情形便有些不同。他們的土地雖然沒有南部那樣肥沃，但也不如新英格蘭的磽瘠，因此居民多半經營一種複雜的自給的小規模農業，這種小規模的農業，在近代資本主義經濟未出現以前，倒是最經濟的方式，因此費拉德爾費亞港，竟是當時美國的第一大埠．除農業而外，中部地方的工藝也比較發達，所以居民們可以無需於英本國工業的供給．

至於坡陀馬克河（Potomac R.）以南，婓基尼亞的情形又有不同，他在大海灣的兩旁，土質是沖積的黃土，河流深廣而侵入於內

美洲殖民地初製之貨幣

地，所以很適宜於農業，而烟艸則爲那裏的最大作物，其次是穀物和靛青．上面曾說過的倫敦公司，便因種植烟艸向歐洲輸出，獲得很大的利潤．英王詹姆士一世是守舊的反動人物，仇視商業階級，斐基尼亞的居民因此對英王很不滿意，自行組織議會，而英王則加以「議會政治的煽動者」的罪名，取消倫敦公司的特許權．這一來，斐基尼亞就逼得和新英格蘭一樣，非自行尋求出路不可了．

此外，喬治亞、加羅林那（Carolina）諸州的情形也大體與斐基尼亞相似．

由上文的敍述，美洲殖民地內部，很明顯的存在着一種地域的分工，南部是農業區域，以烟艸的栽培爲主，須仰賴於中部——尤其北部諸產業地方爲其雇主；而北部及中部的商人，其利源所在，大部爲銷售南部的煙艸、穀物、麥粉等等，因此彼此間的關係便漸漸的密切起來，以致於不可分解．一六九三年成立的郵政制度以及他們共同防禦印第安人的必要，更使彼此間的內部團結臻於鞏固。

這時期內美洲人口的增加也非常迅速，一七〇〇年殖民地人口爲二十五萬，至一七五〇年則爲一百三十七萬。到獨立發動時，殖民地人口總計起來約有三百萬超過當時英國人口的三分之一。

殖民地經濟的發達，其內部團結的形成，以及人口的增加，便必然的增大了政治獨立的要求。

第二節　獨立戰爭

北美英殖民地，就經濟講，在獨立戰爭前，固已日有要求獨立的傾向。即就政治講，原也充滿着獨立的成分。蓋所謂北美英殖民地，其大部地本來多由人民自力經營，英政府實坐收其利。就當時北美英殖民地論，可以分爲三區共十三州的殖民地，這就是：（一）北部四州，即馬薩諸塞、康涅喀的克、羅得島、紐罕普捨爾(New Hampshire);(二)中部四州,即紐約、新吉爾綏、賓夕爾法尼亞、德拉瓦;(三)南部五州,即斐基尼亞、馬利蘭、北加羅林那、南加羅林那、喬治亞.這十三州中,祇有南部五州原從英政府開闢的殖民地斐基尼亞分割而成,其餘北部四州原爲淸教徒所經營的新英格蘭,中部四州則大部原爲荷蘭、瑞典所闢而見倂於英,且素有歐洲各派新教徒收容所之稱.所以就政治方面來看,英國的美洲殖民地除南部五州外,其人民原具有獨立自由之精神,不能永遠合作的.恰値這時候,英本國也正在產業的狂濤中進展.英政府爲了本國資產階級的利益,益採用重商主義的政策,因此英政府先後須布了許多律令,其中最重要的是:

一、航海條例(Navigation Acts)——運貨至英國或英國殖民地的船隻以及殖民地輸貨至歐洲的船隻,一概須用英國船.

二、貿易條例(Trade Acts)——殖民地所出產的烟草、糖、棉花、靛靑、米、皮貨、木材、以及其他許多商品，祇能輸入英國，嚴禁漏稅，違者由海軍軍法處治罪.

三、禁止製造條例（Acts of Forbidding Manufactures）——禁止美洲殖民地製造商品輸出海外，強迫殖民地人民購用英國製造的工業品.此外，一七六三年，英王還頒布一條禁令，禁止殖民地人民向西開墾土地.

這些律令對於美洲殖民地有何影響，我們祇要回想一下前述殖民地產業的性質就可以明白.新英格蘭居民多以貿易和漁業為主要生產，貿易在當時是「祕密貿易.」現在嚴厲取締祕密貿易，就無異於斷絕新英格蘭商業的生命.中部與北部殖民地本來與西印度諸島及非洲的交易，獲利頗厚，現在碰到英國的妨礙，他們逐漸興辦起來的製造業，便也因英國的一條律令而宣告停滯.英國重商主義對於農業地帶（南部及中部）的影響更大，一方面他們的出產品祇準輸入英國，受英國商人的壟斷；而另一方面，且不許他們更向內陸（西面）擴大農場了。

英國這些律令，既然都是以陷殖民地人民於苦痛的深淵之中，殖民地人民的反抗自然是情理中事。但英政府卻絲毫不關懷殖民地人民的利益，他爲補償自己因戰爭所受到的損失起見，於一七六五年頒布印花條例（Stamp Acts），凡報章、證書、契約、小冊子均須一律黏貼印花，其他課税更有增無已。殖民地人民乃以無殖民地代表列席議會的決議案不能遵守爲由，實行「抵貨」（Boycott）。第三年即一七六七年，英政府更强行城市條例（Townshend Acts）課茶、玻璃、紙類、鉛及顏色等以小税，又掀起了殖民地的第二次抵貨。這樣，殖民地人民的反抗與獨立的決心，便日益堅强，至一七七三年十二月十三日，遂有波士頓茶黨（Boston Tea Party）的擾動，把英國東印度公司的三隻茶船中所載的茶葉三百餘箱悉數投入海中。

波士頓茶黨事件發生之後，英國政府在翌年春間採取嚴厲手段，發佈四種强制法：（一）封鎖波士頓商埠；（二）改造馬薩諸塞的行政，使之直屬於國王，（三）施行帝國裁判法，（四）禁止殖民地人民自由集會．英政府對馬薩諸塞採取這種處置以後，各州人民便紛紛響應，於一七七四年在費拉德爾費亞開第一次大陸會議(Continental Congress)討論對付的方法．這次會議中，除喬治亞外，其他十二州也均派代表列席，決議仍繼續進行大規模的抵制英貨運動，由大會發表權利宣言(Declaration of Right)，伸述美洲人民的苦痛和權利，要求自治．這一來，殖民地人民對英政府的壓迫，便開始作大規模有組織的反抗行動，而殖民地各州也因而團結成了一個聯盟．

重商主義的英國政府，當然不會允許殖民地議會的要求，於是鬬爭便益趨激烈．至一七七五年四月間，馬薩諸塞的民軍已與英國軍隊正式衝突．五月十日，大陸會議第二次在費拉德爾費亞開會，承認馬薩諸塞民軍的舉動為獨立革命戰爭的先聲．乃對英宣戰，任命喬治華盛頓為民軍總司令，及一七七六年七月四日，北美十三州乃正式發表獨立宣言(Declaration of Independence)其大意謂，「(一)天賦人權不可侵犯；(二)政府之權力由人民之同意而產生；(三)推翻舊政府建設新政府，係完全合法之行爲，必要時亦得用武力．至此北美十三州遂正式與英宣告脫離關係而自成爲「自由與獨立之邦．」

華盛頓像

在獨立戰爭開始的時候，華盛頓所統率的軍隊不過一萬七千名，糧食和彈藥都感缺乏，因此一連失了許多堡壘．一七七六年英將荷威(Howe)攻陷紐約，翌年更破勃朗狄溫(Brandywine)進逼費拉德爾費亞城，以致大陸會議不得不遷至波爾帖摩爾(Boltimore)，但因華盛頓的堅持同年十月間乃得奪回特棱呑(Trenton)，翌年一月更在普麟斯登(Princeton)攻敗英軍，民軍的形勢因而轉好．以後民軍又在薩拉多加(Saratoga)大敗英軍，使獨立的黯淡前途大放光明．

當大陸會議決定以兵力與英人周旋之後，同時就派富蘭克林(Franklin)等多人赴歐洲大陸爲外交之折衝，要求他們出兵援助，及至薩拉多加大勝英兵，美洲殖民地的獨立已有相當把握，法國政府乃首先與美締結

獨立戰爭開始時北美殖民地圖

聯盟（一七七八）正式出兵援助民軍，對英宣戰。接着西班牙、荷蘭也聲言幫助美洲獨立，俄國亦因英國軍艦故意攻擊中立國船隻，宣布武裝中立。於是英國在水路方面，因海軍受着法、西聯合艦隊的牽制，不能爲所欲爲；在陸上則又因獨立軍有法國援兵和糧食彈藥等的接濟，屢次失利。至一七八一年，英軍根據地約克鎮（Yorktown）也被美將格林（Nathanael Green）所攻陷，英將孔華里（Cornwallis）投降。至此英政府知道在俄、法、西、荷等國牽制之下，無法征服美洲。一七八三年自由黨內閣謝林伯（Sheriburn）便和美洲殖民地代表在法國巴黎的凡爾賽宮締結條約，承認北美十三州之獨立，以密西西比河以東之地爲美國之領土，並規定密西西比河航行自由。

第三節　美國的憲法

美國在殖民地時代，各州之間雖然有經濟上的相互依賴，人民間的彼此聯絡；但在政治上，除對付印第安人和法國人的防禦上互相協議以外，可說是完全分離的．至一七六〇年以後，英政府的高壓政策卻使各州發生了政治上的聯絡，上面曾說到的大陸會議，便是這樣產生的．大陸會議在獨立戰爭時，可以說就是臨時政府，在一七七六年十一月間，大陸會議再使十三州之間締結聯盟規約 (Articles of Confederation)，規約的第一條，規定以美利堅合衆國 (United States of America) 一名來稱十三州的聯盟，因此我們有了美利堅合衆國的名稱

聯盟規約雖然產生了合衆國的名稱，但那時的合衆國與現在的完全不同．規約中給各州保留了各自的主權、自由和獨立，不過規定了各州共同防守的友誼關係，在組織上沒有行政部、司法部等機關可以支配全國，所有的不過一個空洞的聯盟會議，所以實際上是十三個獨立國家的攻守同盟，夠不上說是一個已經十分完整的國家．聯盟的產生既由於英國的壓迫，聯盟規約本身

又如此不健全在凡爾賽條約以後各州的共同外患已去，自然就很容易解散血戰中所換得的獨立也會跟着喪失了．因此各州有見解的人，都希望能夠產生一個强有力的中央政府，以挽救在歧途上躊躇的新國家．

爲了這個目的，一七八七年五月十四日乃有費拉德爾費亞各州代表會議的召集，在會議中，討論聯盟規約的修正，卽歷史上所謂美國憲法會議．這個會議繼續四個月之久，至九月間纔議定全部憲法草案，於一七九〇年得各州的同意，乃成爲正式的美國憲法．美國憲法全部分七章：第一章關於立法部；第二章關於行政部；第三章關於司法部的組織及權限；第四章關於州與州間的關係，及各州與合衆國的關係；第五章關於憲法的改訂手續；第六章關於憲法及法律的効力；第七章關於憲法成立的條件．就整個憲法來看，可舉出下列六種特點：

1. 創立聯邦共和國，組織了一個一方面能保存各州之獨立，同時又能嚴密結合各州的强有力的中央政府.

2. 聯盟規約祇規定各州與合衆國的關係;憲法則規定合衆國與州的關係以外,還規定州與州間,合衆國與各州人民間的直接關係,予中央政府以直接命令各州人民的權力.

3. 根據孟德斯鳩的三權分立主義,設立法、司法、行政三部.

4. 規定以司法權保證合衆國和各州的權限、政府各機關的權限、以及人民的各種權利,故美國最高法院的權力,高出於任何其他國家.

5. 議會採用二院制,上院由各州各派議員二名組織,下院議員則以各州人口的多寡爲比例,由各州選派.

6. 以大總統爲行政之元首,採用復選制度.

問題

一 北美十三州殖民地在經濟上可以分做幾個區域? 各區經濟的特點如何?

二 各區經濟的發展於美國獨立的關係如何？

三 何謂重商主義政策？英國基于重商政策而頒佈的有那些法令？其影響於美洲殖民地的經濟如何？

四 北美十三州殖民地是在甚麽時候宣布獨立的？那一次戰爭使殖民地獨立的前途由黯淡而光明？那一次戰爭決定了獨立戰爭的勝負？

五 美利堅合衆國的名稱是怎樣來的？聯盟規約使十三州殖民地形成一個完整的國家麽？

六 美國憲法有甚麽特點？

第四章 建國時期國策的樹立

第一節 新政府的艱難

美國的憲法自費拉德爾費亞憲法會制議定以後，新憲法的承認問題，引起全國的爭論．商人資本家和政府債劵的所有者，他們希望有個鞏固的中央政府以增大自己的利益和安全，贊成批准憲法；而農人、債戶、小工商業者、以及恐懼地位失墜的各州官吏，則反對新憲法．前一派人稱聯邦派（Federalists）後者稱爲反聯邦派（Anti-federalists）．這二派人的鬪爭，使憲法延遲了一年，即至一七八八年的夏間，纔得到法定邦數（三分之二）的批准，而使新政府實現．

美國的第一任大總統，大家都知道是獨立戰爭中做民軍總司令的華盛頓．華盛頓的聲譽固然很高，可以相當的遏制國內的黨爭，但當時美國經濟與財政上的難題，仍不能不使新政府感到棘手.

自獨立戰爭終了之一七八三年至新政府樹立的一七八九年的數年間，一般稱爲美國歷史上的危險時期.在戰爭期內，一方面美國的經濟受到破壞，而另一方面軍用工業卻有相當的發展.戰爭以後，因爲戰債的繁重和人民購買力的減低，國內產業無法恢復，而軍用工業的停滯，反使資本與勞力無法安置.不僅如此，英國的廉價工業品不斷的輸入，壓迫美國幼稚的工業.一七八三年，英國頒布新航海條例，禁止美國與西印度諸島的貿易，法國和西班牙又拒絕和他締結通商互惠條約.通商上既受到嚴重的障礙，而英國製造品又源源流入，（當時聯盟規約下成立的聯盟政府，無權統制商業或設立關稅，）這種收支上的負數，使國民經濟瀕於絕境.中央政府既無力救濟，各邦的紐帶也因而弛緩起來.因爲財政的困難，中央及各州政府乃發行公債和紙幣以資挹注；結果，物價高漲，人民生活蒙受打擊，社會陷於不安狀態，叛亂遂到處頻發.

新政府要解決這許多經濟上財政上以及政治上的困難，首非謀財政上的改建不可，而第一任美國財政部長漢密爾敦(Alexander Hamilton)又是個爲「商人和製造業的利益」而出力的人，他便根據憲法所給與的財政上之權限，伸展其整理財政的手腕．漢密爾敦整理財政的第一個計畫，是整理戰時中央政府和各州的公債，以恢復國內外信用．因爲這個目的，他課鐵、玻璃、亞麻、糖茶、咖啡、酒類、鞋、臘燭、肥皂等以捐稅．

漢密爾敦的第二個計畫是設立一個聯邦大銀行，謀經濟生活的安定，並且由國家予以發行貨幣的特權，謀全國貨幣制度的統一．一七九一年，這個大銀行以一千萬美金的資本而成立，總行設費拉德爾費亞，設分行於紐約、波爾帖摩爾、華盛頓、諾福克(Nortfolk)查理斯敦(Charlestown)薩窩那(Savona)新奧良等都會，使美國的經濟生活有了個中心．

漢密爾敦的第三個計畫是設立保護關稅，即課國外輸入的物品以重稅，使外國貨物在美國境內的售價因而增高.我們上面說過,美國幼稚的製造業受到英國貨物的壓迫,那末這種保護關稅實可以防止他的輸入,而幫助本國製造業的發展.

上面所舉三種重要的整理財政的計畫,目的是助長國內資本主義經濟的發展,以償還公債,這對於持有債券的資本家自然有利;聯邦銀行的設立與貨幣制度的統一,使商人便於貿易,使其所得的貨幣,不致因城市不同而變更價值;保護關稅之有利於工業更是不用說的了.所以漢密爾敦的計畫,對於美國以後的經濟發展有很大的影響.

漢密爾敦計畫固然有利於美國資本主義的前途,但卻有害於農民、地主、以及小工商業者.他的整理公債的計畫,首先激起了南部諸州的不滿,他因爲償付公債,對威士忌酒(Whisky)所加的捐稅,卻在一七九四年引起「威士忌叛亂」(Whisky Rebellion).他之設立聯邦銀行也被地主和農民們目爲製造「財閥」的計畫；其對外國製造品而設的保護關稅，他們則以爲徒然使農民購買歐洲物品的價錢增高，因此，這一班人就竭力反對漢密爾敦的措施，目之爲仇敵.

這漢密爾敦計畫之擁護與反對的鬭爭，更加深了聯邦派與反聯邦派的分裂，這二派就是以後美國二大政黨——共和黨與民主黨——之前身.

第二節　獨立後的對外關係

當華盛頓在一七八九年第一次就任美國大總統時，歐洲大陸爆發了法國大革命，至一七九三年，英法間因而發生戰爭.法國是在獨立戰爭中出力幫助美國的國家，最先承認美國的也是法國，兩國在一七七八年且曾締結條約，若法國在西印度諸島的領土受他國襲擊，美國允許法國借用其港灣以爲防禦.因此，在英法戰爭爆發時，一般同情於法國共和政府和不忘法國前情的人，都主張與法國同盟，對英宣戰．因此，美國之應否參與歐洲的問題，成爲當時外交論爭的中心．

然則美國當時的情形能不能參加戰爭呢？華盛頓的答覆是完全否定的．他以爲美國建國不久，基礎沒有鞏固，國內財政和經濟問題還很嚴重，沒有充分的力量，並且美國的國境與英國和西班牙的領地比隣，若與英西二國宣戰，（當時西班牙是幫助英國攻打法國的，）美國的邊境就受着威脅，密西西比河的自由航行也得受阻礙，因此華盛頓在「一面與各國維持友好的關係，一面埋頭國內發展」的意念之下，於一七九三年四月二十二日發出著名的中立宣言，說明美國不願過問歐洲的糾紛．這個超然的主張，就成爲以後美國一貫的超然孤立的外交政策的萌芽．

美國雖不加入歐洲的戰爭，但並沒有因此而避免其與英法之間的糾紛．英國因爲要阻止法國與國外通商，斷絕法國的海外供給，宣言要奪取運向法國口岸的美國出產品和載運法國貨物的美國船，英國海軍旋卽非法的沒收貿易於法領西印度諸島的美國船隻和貨物．美國的國外貿易，在獨立戰爭以後的幾年，陷於可悲的命運，已如前述；至歐陸戰事發生時，他纔漸漸的發達起來．反對參加戰爭的商人，本來希望以中立國的地位，從中發展海運，對英國破壞中立國「海上自由」的舉動，異常忿恨，遂轉而主張對英宣戰．可是華盛頓和漢密爾敦始終怕第二次與英國開戰得不到勝利，以致使艱辛中得來的成績完全消失，所以希望問題能夠在和平中解決，於是他派最高法院院長哲約翰(John Jay)到英國去交涉．

哲約翰到英國去交涉的結果，締結了所謂哲約翰條約(The Jay Treaty)．在這個條約中美國所得到的利益實在很少．英國祇允許撤退獨立戰爭以後駐在美國西北部各埠的軍隊和解決爭執中的疆界問題，而掠奪美國商船的事卻未曾涉及．當美國人民知道哲約翰談判的結果時，非常憤慨，斥哲氏爲賣國賊，而華盛頓也受到嚴重的非難，但這樣終於保持了美國沒有捲入戰爭之漩渦。

美國勉强保持了對英的和平，卻又得罪了法國的執政政府(Directory)。認美國的哲氏條約是對法國的侮辱，知道沒有聯合美國對英作戰的可能，因而不承認美國公使，並多方侮辱美國，拘捕美國的商船。美國政府乃預備對法作戰，於是兩國軍艦在海洋上便不斷的發生衝突。這種非正式的戰爭至一八〇〇年法美間條約成立，纔告結束。

對法戰爭勉强中止以後，英法拘捕美船的舉動並不停止。自一八〇三年至一八一二年間，美船被英國拘去的達九百艘，爲法國拘去的亦達五百艘。美國於是向英法二國提出抗議，請他們承認美國的中立權。法國對美國的答覆，若英國尊重美國的權利，則法國便可照行；而英國卻置之不理。於是終於爆發了一八一二年至一四年的英美戰爭。戰爭在開始的時候，美軍頗佔優勢，但自拿破崙(Nepoleon)遠征俄國失敗，又遭萊比雪(Leipzig)的「國民之戰」一敗塗地以後，英國乃集中兵力來對付美國，在海軍方面，美國的海口爲英國封鎖，陸戰方面美國也陸續敗績，至一八一四年八月間，美國的首府華盛頓也被英軍攻下．幸虧此時英國因爲法國的拿破崙失敗，大敵已去，不願意因戰爭而喪失通商的利益，乃於十二月間在根脫(Ghent)與美國議和．

第三節　門羅主義宣言

根脫和約締結以後，美國對英的戰爭雖然終了，但外交上的紛擾並未因而告終．我們知道，美國自華盛頓總統以後，一向採用超然孤立主義以爲外交的原則，爲甚麼現在又被牽入於國際漩渦之中呢？這是因爲下述的事．

當歐洲在拿破崙戰爭期中，西班牙受拿破崙蹂躪，喪失了他統御海外殖民地的能力，因此，自一八一〇年至一八二五年間，美洲的西班牙殖民地，如墨西哥新格蘭那大(New Granada即現在的哥倫比亞)委內瑞拉(Venezuela)祕魯布宜諾亞利斯(Buenos-Ayres 即阿根廷)厄瓜多爾(Equador)智利(Chile)等地因受法國大革命的影響,都紛紛效法美國宣布獨立.美國本來很怕歐洲列强以後會以其在美洲的領土爲根據來侵害他,所以很和這些新共和國交好,使他們做他的衛星羣.

美洲殖民地紛紛宣布自己爲自由共和國的時候,歐洲的政局已因拿破崙的失敗而復趨安定.政局安定以後,歐洲列强的統治者——奥俄普諸國的君主,結合成一個「神聖同盟」(Holy Alliance)以防止革命運動的發展.這個同盟最初是注意歐洲方面的政治,以後竟進而干涉起美洲殖民地的獨立.若西班牙的美洲殖民地,因歐洲反動君主的干涉而恢復回來,就等於美國的西部和南部出現了一個有力的外國,壓迫美國;若俄奧等國在美洲伸張了勢力,則新興的美國更有被包圍的危險.因此,美國爲了自己的利益,就非以全力阻止這件事的實現不可．一八二三年十二月二日，美國大總統門羅（Fames Monroe）乃向國會諮文陳述其對於這個問題的主張，此卽著名的門羅主義（Monroe Doctrine）宣言其大意爲：

『在歐洲各國交戰的時候，我們不曾參加，因爲我們國家的政策與歐洲各國不同．我們固不過問歐洲各國的事；但在我們的權利受到侵害或威脅時，則我們當本自衞的立場與之對抗．新大陸上所發生的事體與美國均有密切的關係，美國將以公平無私的立場處理之．

『歐洲參加神聖同盟各國的政治組織，與美洲大陸諸國根本不同，故不論歐洲各國以任何理由伸張其政治組織於美洲大陸時，都足以威脅美國的和平與安全．這是美國站在與歐洲各國友誼關係的立場上所不能不說明的．

『我們對于新大陸上歐洲諸國所有殖民地或領地，未曾加以干涉，將來亦不加干涉；但已宣布獨立而且事實已經獨立的國家，我們將以正當的理由加以承認.若歐洲壓迫這些國家而危害其獨立時,則無異對美國表示敵意.因此我們認歐洲各國在南北美洲任何部分扶植勢力的企圖,都足以威脅美國的和平與安寧.任何國家若未得美國同意而干涉美國南部諸邦,我們決不能坐視.』

這就是說:(一)美國不容許歐洲各國在新大陸上開拓殖民地;(二)美國以後不與聞歐洲事件,而歐洲各國亦不得干涉美洲的事件.所以在這個宣言中無異於美國以南北美洲兩大陸的保護者自任,一方面固然可以說是美國建國以來超然孤立的外交政策的發展,而同時也表示了美國壟斷兩大陸的野心.

第四節 新共和國領土的擴張

由上面二節裏,我們看見美國自獨立以後在內政和外交上都已確定了基本的政策，卽在國內採取了助長產業發展，統一全國貨幣金融，而使美國走上資本主義發展的途徑的政策；在外交上則採取超然的孤立主義政策，後來又由孤立主義發展爲門羅主義政策，一面不與聞歐洲各國的事件，一面則固守南北美洲兩大陸以鞏固自己的地位。除上述二點以外，在美國建國時代的歷史中所必須說及的，還有它的領土的擴張。

美國獨立時的十三州，局促於大西洋沿岸，因爲東面瀕海的緣故，若要開拓領土，自然非向西推進不可。美國西部存在着廣漠的未開發的土地，給十三州居民以開拓和突進的機會，他們經常的向西方未開闢的地域推進，使美國人形成一種活動的和粗野的國民性。這是美國歷史與歐洲各國歷史不同的地方。著名的美國史家忒涅（Turner）在其所著的美國歷史上的國境(The Frontier in American History) 一書中說道：「美國的歷史大部分是西部殖民地的歷史。廣漠自由土地的存在與美國人的西進運動，都是美國歷史發展的表現」

我們已經知道，獨立戰爭以後，英國非但承認北美十三州的獨立，並且以密西西比河以東之地爲美國的領土，所以這西部發展運動，首先在美國自己領土之內進行。此密西西比河以東的土地，美國史上稱爲「舊西部」。這舊西部的開發運動，在政府的提倡和獎勵之下，進行得很快，一七九一年堪塔基（Kentucky）、一七九六年田納西（Tennessee）、一八〇三俄亥俄等地，都成爲合衆國的獨立州了。

舊西部有了相當的發展以後，密西西比河遂成爲美國交通運輸的主要幹路。當時美國有一半以上的貨物是由該河河口新奧良輸出的，所以該港權益的獲得於美國整個國民經濟有重大的關係。一八〇〇年，西班牙割路易西亞那與法國，該港重入法國統治之下，當初美國很怕拿破崙阻止美國貨物的轉運，急派使節赴法國交涉，幸此時法國因歐洲的戰爭，其海軍無力維持海外領土，願以路易西亞那出售，美國乃於一八〇三年四月間與法國成立契約，以一千五百萬金元購得該地．

路易西亞那購得以後，因爲當時美洲境界的不明，東西兩弗羅里達的領有權問題，引起美國與西班牙間發生糾葛．弗羅里達位于墨西哥灣的北面，密西西比河的東邊，美國以其地屬於路易西亞那，當爲美國所有；而西班牙則認爲是他的領地．一八一二年，英美戰爭爆發，英助西班牙，其地遂成爲英美兩國的衝突場所，英美議和以後，又經一度爭執．一八一七年弗羅里達發生亂事，侵入喬治亞，美國乃乘機舉兵侵入．一八一九年，美西間弗羅里達購買條約成立，西班牙以五百萬金元賣其地與美國．自此以後，密西西比河以東墨西哥一帶地方，遂成爲美國優良的棉花出產地．

隨着南部及西南部棉花種植的發達，美國更增大了新土地獲得的企圖，因而他們又垂涎密西西比河東岸臨墨西哥灣的得克撒斯（Texas）了．在一八一九年美西兩國訂立弗羅里達購買條約時，美國承認其地爲西班牙所有，而西班牙亦允許美人得在得克撒斯自由購買土地從事耕作。一八二二年墨西哥獨立成功，得克撒斯遂爲墨西哥所有。墨西哥政府起初歡迎美人的移住，獎勵土地的開發，美國的移民因而與年俱增。一八二八年，該地居民美人占一萬二千，而墨西哥人卻祇有三千名，至一八三五年時，美國移民竟達四萬名。因此，墨西哥政府怕得克撒斯爲美所併，乃改變態度，轉而禁止美國移民，取消美人購買土地的權利，于是美國南部居民羣起反對，慫恿得克撒斯獨立，一八三六年得克撒斯果然宣佈獨立，因爲美國的資助，反擊敗墨西哥的討伐軍，美國遂於翌年承認得克撒斯爲獨立共和國，英、法、比諸國亦先後加以承認。得克撒斯獨

立以後，美人乃進而進行合併運動．一八四四年得克撒斯與美國的合併條約成立，翌年其地遂也成爲北美合衆國的領土．

由密西西比河流域出發的美國向西移民運動，可分做二支，一支向得克撒斯方面進發，結果有得克撒斯的合併；一支向西北進發而抵太平洋岸的俄勒岡(Oregon)．北美洲的太平洋沿岸方面的土地，自十七世紀以還，有各國探險家的足跡，而各國探險家又多以自己足跡所到之處，宣言爲自己國家的領地，所以那裏的境界很不清楚，引起各國的紛爭．至一八一九年，英西兩國成立協定，以北緯四十二度以南之太平洋岸爲西班牙的領地，而以五十四度四十分以南四十二度以北爲英美二國的共同佔有地，各國間的紛爭至此暫時告一段落．但至一八三七年美國在俄勒岡的居民大增，國內反對共同佔有的聲浪也日見高漲，於是遂成爲嚴重的國際問題．一八四五年，美國樸克（J. K. Polk)總統乃對英國宣言共同佔有的中止．翌年兩國遂成立妥協案，以北緯四十九度爲英美領地的界線，這就是現在美國與加拿大的境界。

在俄勒岡問題解決的一年，美國與墨西哥又發生了戰事。美墨戰爭的原因，表面上雖然大家都說是由於美國合併得克撒斯，而實際上則是美國之欲合併加利福尼亞。加利福尼亞位于太平洋岸，其海陸交通至十九世紀初年已繁盛，因此早就爲美國所注目。後來因爲英國欲攫取其地，美國乃急欲實現這個企圖，派使赴墨西哥要求購買。一八四六年五月間，美國因要求未遂，對墨宣戰，翌年九月攻陷墨西哥首府墨西哥市。一八四八年二月，墨西哥遂與美國訂立和約，以一千五百萬金元出售新墨西哥亞利桑那加利福尼亞等地，墨西哥並承認美國的合併得克撒斯。此後一八五三年美國又威逼利誘的以一千萬金元的代價購得亞利桑那（Arizona）南方三萬方哩之地，這就形成了今日美國的疆域。今將上述美國領土擴張的年代事由及面積列表于下：

十九世紀中葉前美國領土擴張表

地域	年代	事由	面積
最初的十三州包括舊西部	一七八三		八四三、七九九方哩
路易西亞那	一八〇三	由法國購入	八九〇、九二一
弗羅里達	一八一九	由西班牙購得	五八、六八〇
得克撒斯	一八四五	合併	三八九、六一六
俄勒岡	一八四六	因英美協定取得	二八五、一二三
新墨西哥　亞利桑那加利福尼亞等地	一八四八	美墨戰爭的結果	五二六、四四四
亞利桑那南境	一八五三	由墨西哥購得	三一、〇一七
合計			三、〇二五、六〇〇

問題

一　自何年至何年爲美國歷史上之危險時期？　它是怎樣造成的？

二　漢密爾敦的整理財政計劃是怎樣的？　於美國以後經濟發展的影響怎樣？　與美國二大政黨共和黨與民主黨之形成有甚麼關係？

三　在英法戰爭發生時，美國爲甚麼保守中立？　哲氏條約在國內及國際上引起怎樣的反響？　美英第二次戰爭是怎樣發生的？

四　美國的門羅主義宣言是在怎樣的國際環境之下形成的？　其主要內容怎樣？

五　何謂西進運動？　西部廣漠未開發土地的存在，於美國的歷史發展有怎樣影響？　美國現在的國境是怎樣形成的？

第五章　美國經濟的發展及南北戰爭

第一節　美國的產業革命

我們若要追溯資本主義的美國成立的經過，便應該從漢密爾敦的財政計畫開始。關於漢密爾敦的財政計畫，我們在上章的第一節裏已經說過，他要償還公債，不使持有公債券的有產者受到損失；他要統一全國的金融和貨幣，便利貿易？他還要設立保護關稅幫助國內幼稚製造工業的發展。在漢密爾敦實行他提攜產業發展的計畫時，歐洲因拿破崙戰爭陷入於戰亂之中。在這期間美國始終保持着它那中立國的地位，主張海上貿易自由，因而獲得很大的利益。美國輸出貿易（見下表單位百萬金元）在這期間的激增是很驚人的：

法國革命期中美國海外貿易激進表

一七九〇年	二〇、四
一七九五年	四七、九
一八〇〇年	七〇、九
一八〇五年	九五、五
一八〇七年	一〇八、三

美國輸出貿易的如此突飛猛進，主要的是原料品和糧食的輸出，而工業製造品還是由外國輸入的．但自一八〇八年以後，這個情形發生很大的變化，英法兩國因為要保證戰爭的勝利，斷絕對方的海外供給，否定中立國通商的權利，防礙美國的海外貿易，美國為報復計，也通過出港停止法(Embargo Act)，禁止美國船舶駛往外國港口，結果美國的輸出貿易大減，一八一二至一八一四年的英美戰爭，更把這種情勢推進了一步，見下表：

維也納會議前美國輸出貿易表（單位百萬元金）

一八〇八年	二二、四
一八〇九年	五二、二
一八一一年	六一、三
一八一二年	三八、五
一八一三年	二七、八
一八一四年	六、九

隨這種輸出貿易的激減而來的，便是美國與歐洲工業國家經濟關係的弛緩.在過去，美國以農產品和歐洲各國交換工業製造品，現在因爲通商關係的割斷，農產品既不能輸出，工業品也無從入口，迫得美國不得不自圖發展工業以謀自給.於是舊時手工業因需要的激增一變而爲近代工業，各種新的生產部門也不斷的在美國出現，換言之，即在美國產生了產業革命.在一八一五年時，美國所產的鐵器、棉織品、紙、玻璃、火藥等物，已能滿足國內的需要.歐陸戰爭結束以後，歐洲諸國的產業恢復，這些先進資本主義國家，其生產技術既高過於美國，而其製造品價格之低賤，尤足以威脅美國新興工業;但美國於此時一面採用歐洲的新式機械，一面以關稅政策保護國內市場，因而各種工業仍得蒸蒸日上.

我們先從棉織工業來說:美國之有近代機械紡織機，開始於十九世紀初年，因爲棉織物需要的激增，這種近代紡織機的應用也日益擴大，北部諸州—

——尤其是新英格蘭——的大城市裏，都出現棉織工業的大工廠。在一八一五年時紡錘數爲一三〇、〇〇〇，在一八四〇年增至二、二八五、〇〇〇，一八六〇年復增至五、二三九、〇〇〇。在重工業方面，美國的發達也很迅速。如生鐵的產量，一八一〇年爲五三、九〇八噸，一八四〇年爲二八六、九〇〇噸，一八六〇年則爲八二七、二〇〇噸。煤的生產，也因爲製鐵工業的興起和蒸汽機器的使用，而受到很大的刺激。如無煙煤的生產，在一八一五年還只是超過五十噸，到一八二〇年達四百五十噸，一八三〇年出產二十一萬五千二百噸，一八六〇年復增至一千零四十八萬八千噸了。

生產事業的發展，必然要引起交通機關的改良和發展。在十九世紀初期，美國的交通事業很落後。陸上運輸大部分是利用野獸，水上大半是利用小船。隨着西進運動和商業的發展，貨物的運輸增大，美國乃從事所謂「通行稅道路(Turnpike Road)」的開闢。這些道路大多由商業公司經營，對於道路上的過客和貨物徵收一定的「過路錢」與道路開闢同時的是輪船的應用。最早使用輪船的是密西西比河、俄亥俄河等主要河流，後來擴大到其他小川河川。河不足，還開鑿運河以爲補助，如賓夕爾法尼亞運河（Pennsylvania Canal）、折撒比克俄亥俄運河（Chesapeake and Ohio Canal）、莫理斯運河（Morris Canal）、伊利運河（Erie Canal）等，都是其中最著者。最後，鐵路也在一八三〇年出現於美國。在一八四〇年美國有鐵路四、五三四公里，一八五〇年增至一四、五一四公里，一八六〇年則爲五三、九三五公里了。

交通機關的發展，一方面便利製造品的運輸，給工業製造者開拓了銷售市場，而同時又使內地的原料可以運輸至工業都市裏來供給製造之用，這樣更推進了整個美國產業的發展。

第二節　南北經濟的對立

產業革命在美國不僅使製造工業大大的發展並且也引起農業的猛進

我們在第三章第一節曾經說過，美國的東北兩部，因爲自然地理環境的影響，在產業上表現分歧的現象，即北部主要的是經營海運業和工業，而南部則以農業爲基礎。我們也曾說過，煙草、穀物和靛青是南部的主要農作物。但到後來靛青和煙草的生產漸次的減少了，南部的住民乃不得不找別的農產物以爲代替。當時所找到的代替作物，都不能有很好的收穫和發展，以致南部經濟陷於停滯或衰退的狀態之中。南部的農業勞動，因爲人工的不足，大都援用由非洲輸入的黑人奴隸。隨着南部煙草、靛青栽培業的衰頹，奴隸需要也大大的減少。但因爲產業革命的結果，無論在國內外，棉織工業都有長足的發展，對於棉花的需要激增，美國南部諸州遂又變成棉花的種植地，他除了供給本國的需要以外，還供給國外——尤其是英國——的需要，所以發達得異常迅速，尤其在一八三七年輝特尼(Whitaney)的軋棉機(Cotton Gin)發明以後，其棉花的生產更加激增，奴隸的需要也更加急切了現在且把南部產業制度發展的主要統計事實表列如下：

美國南部主要產業發展表

年份	棉花的價值	奴隸的數目	每個奴隸總生產品的價值
一八〇〇	五•二五二•〇〇〇金元	八九三•〇四一	一六•一〇金元
一八一一	一五•一〇八•〇〇〇	一•一九一•三六四	一九•五〇
一八二〇	二六•三〇九•〇〇〇	一•五四三•六八八	二四•六三
一八三〇	三四•〇八四•八八三	二•〇〇九•〇五三	二二•〇〇
一八四〇	七四•六四〇•三〇七	二•四八七•三五五	三七•一二
一八五〇	一〇一•八三四•六一六	三•一七九•五〇九	四三•五一

其因棉花輸出的增加以及棉花種植的發展，引起的南部諸州在整個國

民經濟中所占的比重的增大，有如下表：

美國獨立戰爭前南部諸州經濟比重增大表

年份	棉花輸出量	棉花輸出值	美國輸出品總值
一八〇〇	一七、七九九、八〇三磅	五、〇〇〇、〇〇〇金元	七〇、九七一、七八〇金元
一八二〇	一二七、八六〇、一五二	二二、三〇八、六六七	六九、六九一、六六九
一八四〇	七四三、九四一、〇六一	六三、八七〇、三〇七	一二三、六六八、九三二
一八六〇	一、七六七、六八六、三三八	一九一、八〇六、五五五	三三三、五七六、〇五七

棉花種植因工業革命而激增，同時更因棉花種植的發展，對奴隸的需要大增，奴隸在生產中的價值也大大的增高。結果(一)人口紛紛集中於南部，南部政治作用增大，經濟勢力雄厚，使他以後能夠與北部爭雄；(二)南部農業經營者既依賴奴隸而收鉅利，他們乃堅決守護奴隸制度而不許他人破壞，這成

爲以後南北戰爭的禍根.

南部諸州既是以農業——尤其是棉花種植爲基礎,他們所剩餘的是農產原料,所欠缺的則是工業製造品.即他們需要把剩餘的原料品向外國交換工業品.因而他們反對關稅法,因爲若對外輸入品抽以關稅,就無異要他們多一筆開支.再南部因爲以棉花種植爲主,常常要求廣大領土的擴張,因而主張西部發展與國境擴大.

北部地方與南部,在經濟上恰恰處於相反的地位,他們係以工業礦業爲基礎.自產業革命以後,北部諸州因爲工廠制度的誕生和外國移民的流入,在自由工資勞動的基礎上建立了近代資本主義經濟.因爲運河的開鑿和鐵道的敷設,北部諸州也漸漸形成一個堅固的經濟單位,而與南部的奴隸勞動相對壘.他們的工業家爲了自己的利益,要求政府施行保護關稅以防止外貨大量的輸入,於南部有害的關稅法,卻正是他們所希望的東西.並且對於國境的擴張沒有甚麼直接的利害關係，所以常常反對政府因擴張國土而費去巨大的開支。這樣，南北的經濟對立，就必然的反應到政治上來了。

第三節　南北戰爭

南北兩地的經濟上既站在敵對的地位，必然的結果，它們都企圖利用中央政府來做伸展自己抑制對方的工具。奴隸既是南方的經濟基礎，又是南方諸州威脅北方工業家的工具，所以北方諸州就一面防止奴隸制度的伸張，一面則竭力加以攻擊。因此奴隸問題就成爲南北兩地糾紛的源泉。

美國南北兩地關於奴隸問題的糾紛，自獨立以後即已存在。至一八二〇年美國二十二州中，自由邦奴隸邦適各居半〔二〕，其時因奴隸邦密蘇里州要求加入聯邦，國會中反對奴隸制的大加反對，恰好其時自由邦緬因也請求加入聯邦，結果便於是年成立密蘇里妥協案（Missouri Compromise）：密蘇里以奴隸邦，緬因以自由邦各加入聯邦，仍保持了自由邦與奴隸邦間的平衡同時並協定將來組織新州時，當以密蘇里州的南境北緯三十六度三十分的地方為奴隸州和自由州的分界線．此線以南奴隸制仍繼續存在，以北則永遠為主自由者之領域，從此美國奴隸問題一時總算解決．直至一八五四年因堪薩斯(Kansas)和內布拉斯加(Nebrasca)兩州的設立問題，南北又生傾軋，以致議會通過廢除密蘇里妥協案．此案廢除後，奴隸問題的紛爭又趨嚴重．北方的工業家乃組織共和黨(Republican Party)(一八五四)爭取政權，不久又有司各脫(Dred Scott)判決事件的發生[二](一八五七)，南北兩地的衝突愈加不能調和了．

密蘇里協定圖

一八六〇年美國舉行大總統選舉，共和黨首領林肯(Abraham Lincoln)

當選爲總統．林肯是北方工業資本家最優秀的代表，並且是奴隸制度的激烈反對者，他的當選，自然於南方有很大的不利，於是南部諸州遂有脫離合衆國的傾向．南部諸州對於北方是必要的，因爲它們是北方製造業的良好市場和原料出產地，而南部諸州卻可無求於北方，因爲他們所產的棉花當時有很好的國外市場，並且林肯執政以後，更向南開拓棉花種植地的可能性已完全消失．因此南部諸州遂次第與合衆國政府脫離，另行組織亞美利加聯邦(The Confederation of America)，而北部諸州則阻止這個分離運動，於是乃爆發了一八六一——六四年的南北戰爭．

林肯像

在戰爭開始的時候北方政府以爲戰事不會怎樣擴大而且輕視南方不會有很大的抵抗力所以林肯祇召募七萬五千名的義勇軍前往征討但結果爲南軍所敗北方政府這纔知道南方亦未可輕視議會乃決定支出二萬萬金元的軍費招募五百萬名義勇軍並派軍艦封鎖南方諸州的沿岸各要港阻止其農產物的輸出與武器機械被服等的輸入於一八六二年四月間佔據新奥良南軍因而喪失了密西西比河的航行權.

北軍的戰爭轉敗爲勝以後九月二十二日林肯總統公布奴隸解放令宣布自一八六三年一月一日以後各州奴隸在履行其金錢上的賠償以後均得編爲自由民.此令一下南部諸州的奴隸都相率逃亡南軍兵勢大挫北軍節節勝利.至一八六四年四月南軍的李將軍(Robert F. Lee)爲北軍所虜九月間南方政府的大衞士總統(Jefferson Davis)又爲北軍所執於是南北戰爭遂以北軍的全勝而了結.

當李將軍被虜，北軍已獲勝利，華盛頓市充滿着凱歌歡舞的時候，於此次戰事有偉大功績的林肯總統，於一八六五年四月十日在華盛頓福特劇場（Ford Theatre）中爲一伶人蒲士（John Wilkes Booth）所暗殺。這在北部固然是喪失了一個最可靠的領袖，而在南部也喪失了一個心中無惡意的朋友。繼林肯而爲總統的是約翰孫（Andrew Johnson）。他於就任後的五月十二日公布如下的大赦令：

一、南部諸州人民，恢復合衆國的公民權；

二、直接或間接與叛亂有關係的人，除主動者外，一律從赦罪，並恢復其財產權；

三、復歸各州須一律遵守合衆國的憲法和奴隸解放令。

自此以後，前已脫離合衆國的南部諸州便漸次廢止奴隸，而再行編入於合衆國的領域之中，美國的南北分裂乃復告統一。

註〔一〕當時自由邦有威爾滿紐罕普捨爾（New Hampshire）馬薩諸塞康涅喀的克羅得島紐約（New York）新吉爾綏賓夕爾法尼亞俄亥俄印第安那（Indiana）伊里諾斯十一州，奴隸邦有路易西亞那密西西比田納西亞拉巴馬（Alabama）堪塔基喬治亞南加羅林那北加羅林那斐基尼亞馬利蘭德拉瓦十一州．〔二〕所謂司各脫判決事件是這樣的：司各脫是一個黑人奴隸，他主人曾把他從密蘇里帶住伊里諾斯自由州，當他回到密蘇里時，他以在自由州中主人的所有權已經取消爲由，請求法庭予以自由，法庭不特不允許他的請求，反宣言黑奴只是主人的所有品而不是人，議會或地方政府均不能阻止主人帶其所有品到任何地方．當時的法院是在南方派的手裏，所以有這個判決案；北方派從此更感到攫取政權的必要．

第四節　南部之再建

在南北戰爭以後，美國歷史上有兩個問題急須解決的：一個是政治上的問題，即聯邦政府瓦解後南部諸州之再加入合衆國的問題；另一個則是經濟上的問題，即受戰爭破壞和奴隸制度廢止後南部諸州的經濟再建問題。

在政治上，一八六五年五月間約翰孫總統所發布的大赦命，本來可以解決南部諸州之加入合衆國問題，可是自從這條命令發布以後，南部諸州的舊時統治者恢復了政治權力，他們的州議會名義上雖然承認舊時黑人奴隸爲自由民，但不予他們以選舉權。這當然引起合衆國議會的不滿；以致它們自行組織再建委員會與總統約翰孫對立。議會在再建委員會成立以後，即刻提出憲法第十四條修正案，以削弱剝奪黑人選舉權的各州對於議會的代表權。但這個議案除田納西一州以外，其他南部各州均不予批准，而總統亦加以拒絕。

這個議案失敗以後，議會和總統的衝突便益見嚴重，議會遂一面對約翰孫總統提出彈劾案，一面通過所謂再建條令。總統彈劾案雖因未得上院三分之二以上之贊助而無効，而再建條令卻雷厲施行。這再建條令規定各州先以黑人和忠誠的白人組織憲法會議，制定予黑人以參政權的憲法，再行選出州議會，由新組成之州議會派代表至聯邦議會．結果南部諸州的政權盡落入由北部移去的白人和黑人的手裏，他們並且用以報復私怨．於是南部地方政治愈加紊亂，經濟也跟着受了嚴重的摧殘．

在共和黨手中議會的這種種措施，當然爲代表南方勢力的民主黨人所不滿．但民主黨在一八六八年和一八七二年的選舉中都爲共和黨所敗，至一八七六年，共和黨的候補者海斯(Rutherford B. Hayes)又當選爲總統，一時民主黨方面頗有挑動第二次內戰之勢．幸不久兩黨妥協案成立，始得無事結果，仍以海斯爲大總統，撤退駐屯南部各州的軍隊，恢復南部白人的政權．

在經濟方面，南部諸州因戰爭的破壞，耕作荒廢，一般瀕於困難的境地，而其中最可憐的，還是被解放的奴隸．奴隸在早先他們在主人的房子裏住，在主人的田間工作，雖然生活困苦，但衣食住是有相當保障的．現在呢？他們固已得到自由，而生活的保障卻已隨着自由而消失了，於是他們便不得不走上飢餓與死亡的路.

除奴隸以外,地主也受到相當的打擊,因爲他們現在沒有像過去那樣有牛馬一般的奴隸替他們耕作.在這種困難之下,地主只有二種辦法來恢復農業.第一個辦法就是把土地分割成小塊,租給黑人,並供給黑人所沒有的牲畜、農具和籽種等.到收穫後,由黑人交一半以上的農產物給地主作爲地租.這樣,過去的奴隸現在轉而爲佃農,美國的南部因此就發達了租田制度.第二個辦法是地主雇用工人從事耕作,這種制度普通在大規模的農場中盛行.因爲要減輕農產物的生產費,地主們也效法工廠主人採用新式的農業機械.這樣,南部的農業反因而發達了.

因爲上述二種方法的實行,南部的棉花產額恢復得很快.至一八七九年產棉的總數已達五百萬包,此數額卽等於一八六〇年——南北戰爭以前——的總額,至一九〇四年竟增至一千三百萬包了.

不僅如此，南北戰爭以後，南部的近代工業也慢慢的興盛起來。據統計材料，美國南部紡織廠的紗錠，自一八六〇年至一八九〇年增加了十二倍。其他鋼鐵工業，也跟着在南部發見新的途徑。

問題

一　美國的產業革命是怎樣造成的？

二　產業革命與美國南部植棉事業的發展有何關係？　植棉事業的發展，怎樣影響到南部諸州地主的堅持奴隸制度？

三　南北的經濟對立，除奴隸問題外，還有那些問題？

四　南部諸邦爲甚麼要退出合衆國自行組織政府？

五　一八六五年所頒佈之大赦令的內容如何？

六　南北戰爭以後，美國政治上又發生怎樣的糾紛？　南北戰爭後，南部農業制度上發生怎樣的變革？

第六章 資本主義美國的猛進

第一節 戰後美國產業的繁榮

南北戰爭在美國的政治史上和經濟史上都劃出了一個新的時代。在政治史方面，南北戰爭中北部的工業資本家戰勝了南部地主貴族，美國纔得完成爲近代國家。在經濟史方面，戰爭給予產業發展以極大的刺激，各種工業以至農業都得突飛猛進的發展。

「政府爲在南北戰爭中維持戰場下的軍隊，要求很大的供給品，如鐵、鋼、車、棉毛織物、金屬器具、鐵路材料、軍器及軍需品等類，還有很大的麵粉、醃肉以及別種農產物的儲藏。因爲這種過量需要的結果，鐵路的建築、礦坑的開採，工廠的成立，新機器及節省勞力法的發明，都以驚人的速度進步了。」〔三〕

那麼戰後美國產業發展的情形怎樣？我們先說礦業，因爲這是一切其他工業的基礎.

美國礦物的蘊藏非常豐富,尤其是煤、鐵、煤油、銅等主要工業原料,都在全世界占着重要的地位.在南北戰爭以前,這些礦產美國沒有很好的開採,以致由歐洲大量的輸入,雖施行保護關稅亦不能阻止其進口.但自南北戰爭以後,因爲需要的激增,很多的礦區都應用新方法進行開採.賓夕爾法尼亞、西斐基尼亞、伊利諾斯、堪塔基等地的煤礦,蘇必利爾湖(Superior L.)地方、田納西、西斐基尼亞、亞拉巴瑪等地的鐵礦,賓夕爾法尼亞加利福尼亞得克撒斯俄克拉阿馬等地的煤油、密執安、亞利桑那等地的銅均相繼開發,不但可以自給,並且有大量的輸出國外了.

茲將煤、鐵、石油、銅四種主要礦業在南北戰爭後的生產激增情形,列表於下:

一八六〇年至一九一〇年美國主要礦產激增表

年份	煤（單位噸）	鐵（單位噸）	石油（單位每箱廿四加倫）	銅（單位磅）
一八六〇	一四、六一〇、〇四〇	二、八七三、四六〇	五〇〇、〇〇〇	一六、一二八、〇〇〇
一八七〇	三七、〇三五、五〇〇	三、八三二、八九〇	五、二六〇、七〇〇	二八、二二四、〇〇〇
一八八〇	七一、四八一、五〇〇	六、三〇七、八八三	二六、二八六、一〇〇	六〇、四八〇、〇〇〇
一八九〇	一五七、七七〇、九〇〇	一四、五一八、〇四〇	四五、八二三、五〇〇	二五九、七六三、〇〇〇
一九〇〇	二六九、六八四、〇一〇	三五、五六七、四一〇	六三、六二〇、五〇〇	六〇六、一一七、〇〇〇
一九一〇	五〇一、五九六、三〇〇	五一、九四七、一二〇	二〇九、五五七、二〇〇	一、〇八〇、一六〇、〇〇〇

其他工業，也以同樣的速率急劇的發展。下面的統計表便足以證明這一點：

一八六〇年至一九一五年美國的生產統計表

年份	工廠數	工人數	資本（金元）	生產額（金元）
一八六〇	一四〇、四三三	一、三一一、二四六	一、〇〇九、八五五、七一五	一、八八五、八六一、六七六
一八七〇	二五二、一四八	二、〇五三、九九六	一、六九四、五六七、〇一五	三、三八五、八六〇、三五四
一八八〇	二五三、八五二	二、七三二、五九五	二、七九〇、二七二、六〇六	五、三六九、五七九、一九一
一八九〇	三五五、四〇五	四、二五一、五三五	六、五二五、〇五〇、七五九	九、三七二、三七八、八四三
一九〇〇	二〇七、五一四	四、七一二、七六三	八、九七五、二五六、四九六	一一、四〇六、九二六、七〇一
一九一〇	二六八、四九一	六、六一五、〇四六	一八、四二八、二六九、七〇六	二〇、六七二、〇五一、八七〇
一九一五	二七五、七九一	七、〇三六、三三七	二二、七九〇、七九七、九三七	二四、二四六、四三四、七二四

關於美國工業的發展，有一位英國著述家說道：「一八四〇年以後，歐洲的生產祇增加了二倍，而美國則增加了二十倍。歐洲的生產物一半是由手工業製造的，而美國的製造品，差不多完全是機器生產的。」[三]這分明說明那時

美國資本主義的發展速率已超過歐洲；而其機械化的程度，也非歐洲所能比擬．然則美國工業怎樣能夠發展得這樣迅速而完全應用機器呢？關於這一點，我們可以這樣來說明：

第一，因爲美國受自然條件之賜，有豐富的原料和動力的源泉（煤、石油和水力）；

第二，因爲美國沒有中古的舊時代的傳統，使其資本主義的發展可以取最純粹的形式；

第三，因爲美國向感勞動力（人工）的不足，擴大生產勢非採用機械代替人工不可，因而增加機器的使用和發明．

因爲以上三種原因，「所以美國的生產品，不是像法國的磁器或絲綢、東洋的絨氈、日本的織物、那樣精巧的美術品，又不是像英國棉毛織物那樣高級的物品，乃是劃一的，大量的生產．」[三]這一點成爲美國資本主義經濟的基本特色之一．

工業的發展是必須有交通的發達爲其輔助的，否則工廠裏的製造品便無法達到消費者的手裏，各種原料也無法運到工廠裏來加工製造．所以美國的交通事業也跟着工業的發展而猛進，造成當時所謂「鐵道鋪設熱．」南北戰爭後美國鐵道長度的急增，有如下表：

一八六〇年至一九一〇年美國鐵道長度激增表

年度	一八六〇	一八八〇	一九〇〇	一九一〇
哩數	三〇、〇〇〇	九三、〇〇〇	一九九、〇〇〇	二五〇、〇〇〇

在這些鐵道中以一八六九年竣工的太平洋聯合鐵道最關重要．這條鐵路橫斷美洲大陸，不僅在經濟上使美國的東部和西部聯繫成一氣，即在政治上，也使美國東西各州間的結合，更加緊密起來．

美國工業的發展不僅需要開拓國內市場，而且需要把製造品向國外銷售，一九〇四年動工一九一四年完成的巴拿馬運河（Panama Canal），就是爲了這個目的。

南北戰爭以後，美國不僅工業有長足的進步，農業亦有很大的發展。在南北戰爭的時候，因爲國外年成的歉收與國內食料和其他材料品的需要之激增，政府當局爲發展農業計，曾於一八六二年頒布家宅法令（Homestead Act）。根據這一種條例，凡住滿五年的移住者，都由政府免費給以無人管理的土地。這很引起國內外的移住者紛紛向荒涼的「遠西部」遷徙，據統計看來，一八六〇年以後的二十年間，美國政府曾分配六千五百萬英畝的土地給遠西部的開拓者。以後因爲密西西比河以西富源的開發，太平洋沿岸企業的發達，以及「橫斷大陸」的大鐵道的完成，西部發展運動更加發達，以致美國西部的荒地都成爲農田，這便是所謂「國境消滅（End of Frontier）

此外，一八六七年美國以七百二十萬金元的代價由俄羅斯購得亞拉斯加(Alaska)這不但使美國增大了一塊重要的領土，並且還得到了煤、金和木材的出產地。

除耕地面積的擴大以外，南北戰爭以後，美國還很普遍的採用農業機器以增加農業生產。從下表即可看出美國農業機器製造業的發達：

美國農業機器製造業發達表

年度	農業機器企業數	生產額（美金）
一八六〇	二、一一六	二〇、八三一、〇〇〇
一八七〇	二、〇七六	五二、〇六六、〇〇〇
一八八〇	一、九四三	六八、六四〇、〇〇〇
一八九〇	九一〇	八一、二七一、〇〇〇

一九〇〇	七二五	一〇一、二〇七、〇〇〇
一九一四	六〇一	一六四、〇六七、〇〇〇

這裏所謂農業機器，包括犂鋤、收穫機、碾米機等等，多用蒸汽、軋士林（Gasoline）以及電力來使用，使農業自播種至收穫中間的一切歷程，都完全機器化。應用機器祇有大規模的農業纔適宜，這樣，又給美國創造了大農場制度。西部開拓或耕地面積擴張以及科學耕作方法的採用，使美國的農產物收穫激增。在一八七〇年，美國農產物收穫的總價值爲一、九五八、〇三〇、九二七元美金，至一九〇〇年增至四、七一七、〇六九、九七三元美金，一九一〇年復增至八、四九八、三一一、四一三元美金。

因爲上述產業繁榮的結果，美國的國富暴增。在一八五〇年國富總額爲七、一三五、七八〇、二二八元美金，一八九〇年則爲六五、〇三七、〇

九一、一九七元美金個人平均財富亦由一八五〇年的三〇八元美金增至一八九〇年的一、〇三六元美金了.

註 〔一〕見 Beard and Bagley: the History of American People, Cha. XXV. 〔二〕見 Lippincott: Economic Development of United States P.465. 〔三〕見石濱知行著美國資本主義發達史第七章.

第二節 關稅貨幣及金融問題

因爲美國產業的猛進和經濟的繁榮,所以政治上設施也都集中到經濟問題上來.南北戰爭以後第一個成爲政治論爭的經濟問題,是關稅問題.我們已經知道,美國自獨立以後卽施行保護關稅,一八三〇年至一八六〇年的期間中,美國關稅率還不高,到南北戰爭爆發時,政府爲增加收入計,乃重復提高稅率.在一八五一年平均關稅是百分之十五,而一八六四年則增加爲百分之四十七.這種增加關稅的政策,後來因爲共和黨人的支持,非但保留下來並且更加增高:一八九〇年的麥荊萊法案(Mckinley Bill),規定最高關稅率爲百分之四九·五,一八九六年丁格萊法案(Dingley Act)更提高關稅率,使之平均爲百分之五十七.這種高率關稅的主要目的,是在於保護國內市場不爲外貨所侵佔,於美國工業的發達,不消說是有密切關係的.

第二個爲當時政治論爭的經濟問題,是貨幣問題.當南北戰爭的時候,合衆國政府曾發行一種所謂「綠紙幣」(Greenbacks).這種綠紙幣類似政府的期票,帶有不付利息的國債之性質,雖然可用以繳納捐稅和別的用途,但不能兌換現金.這種紙幣的發行,正在戰爭方酣的時候,所以國民之中沒有甚麼反對,可是到了後來卻露出許多缺點來了.第一,這種紙幣的發行妨礙現金的流通;第二,因爲不能兌換現金,以至紙幣跌價,物價騰貴;第三,因爲上述二種結果,政府信用低落.有了這三個缺點,民間便羣起反對此項紙幣的流通.但中西部

(Middle West)的人民卻一致的獨持異議,原來中西部地方的人民,資本少而負債多,若綠紙幣收回而代之以金銀貨幣,則貨幣的價值便隨而上升,這樣他們在紙幣價值低廉的時候所借入的款項,非以其價值已擡高的貨幣去償付不可,勢將蒙受非常的損失,因此對綠紙幣的停止發行及收回,加以劇烈的反對.結果他們結成綠紙幣黨(Greenback Party).綠紙幣黨的活動非常厲害,以後紙幣廢止論者不得已乃與他們成立一種妥協,限定綠紙幣的流通額爲三億美金,至一八七九年這種紙幣纔由政府以現金收回.

貨幣論爭的另一個問題,是銀幣問題.一七九二年時,美國政府曾頒布法令,規定銀與金的比例爲十五與一之比(卽十五兩銀換金一兩),在這個比率之下鑄造銀幣,以後又把這個比率改爲十六與一之比.但當時國外的銀價較這個比率爲高,於是美國的銀幣日見減少,至一八七三年國會便停止鑄造銀幣.

正當美國銀幣減少的時候，西部各州發見很豐富的銀礦，開採出很多的銀，銀與金的比率低落到二十一與一之比．銀礦主人看見自己的出產品跌價，便要求政府須依舊日十六與一之比率鑄造金銀兩種貨幣，恢復銀幣．主張用金元的人說：銀價在市場上已經跌落，不能依照舊日的規定鑄造；主張用銀元的人卻說：銀價並沒有低落，只是政府限制銀子的行情，因此金價增漲罷了．

跟着銀幣問題的擴大，美國的國民也分爲贊成銀幣與反對銀幣的二派．贊成的，除了銀礦主人以外，還有廣大的農民羣衆，因爲若依照舊日比率自由鑄造銀幣，流通貨幣的數量必然大增，貨幣數量增加，農產物出售價格也可以跟着提高．而商人和投資公債的則竭力反對，他們說，要是鑄造銀元增加貨幣數目，實際上就要減少他們的債權．及銀元既爲政府所廢止，於是贊成銀元的人便結成人民黨(Populist Party)來從事鬬爭．人民黨的勢力很大，在他成立的一八九二年竟獲得一百萬張的候補總統選舉票，掀起美國空前的政爭．以後人民黨得到民主黨的援助,威脅政府,使政府不得不暫時採取金銀複本位制.至一九〇〇年,這個論爭纔爲反對銀元自由鑄造的共和黨占優勢,乃頒布金本位法(Gold Standard Act);至此美利堅合衆國始成爲金本位制的國家.

再次,我們說到銀行制度或金融問題.一八六三年美國政府曾頒佈國民銀行法(National Bank Act),分全國銀行爲三個等級,即中央準備銀行、都市準備銀行和地方銀行三種,這三種銀行,均由人民團體創辦而受政府之統制.自從這制度施行以後,銀行業便漸漸發達,信用制度也逐漸普遍應用.但這國民銀行制度也跟着信用的發達而生出許多缺點,即(一)鈔票發行不够市面流通之用,信用也沒有充分的彈力;(二)金融界勢力集中於少數私人的手中而不在政府.因此贊成自由銀幣制的人都加以攻擊,而共和黨和民主黨的領袖中,也有一部分表示反對.

一九一三年政府爲補救上述的缺點起見,乃頒布聯邦準備銀行法(Federal Reserve Act).這個銀行制度法令,把全國分爲十二個大區域,在每個區域設立一聯邦準備銀行.這聯邦準備銀行是銀行的銀行,它一方面結合各地參加的銀行而保管其準備金,同時它對各地銀行供給信用.這種制度實際上是世界最大的金融組織,因此美國資本愈益集中,至一九一九年,它的資本總額竟達七十三億三千八百萬美金以上,並且伸張其勢力於國外.

第三節　獨占組織與勞工運動的勃興

產業界獨占組織的興起,就一般情形來說,可以有二個原因,一個是競爭的結果引起資本集中,另一個則是金融資本之支配產業.我們知道,在資本主義經濟之下,生產和分配都是無政府的.各個資本家都競爭製造,競爭銷售,換句話說,即競爭利潤的獲得.在這利潤爭取的條件之下,小資本和經營不得宜的企業往往在競爭之中被淘汰,於是造成生產集中,即由少數大企業壟斷市場的現象.小企業遂相繼爲大企業所兼併.這種不斷競爭不斷兼併的結果,每一生產部門中祗剩少數大企業,於是這些大企業乃彼此聯合或合併,避免競爭,協定價格,以獲得獨占的利潤.

同時銀行資本的膨大也引起產業界的獨占現象.如上節所述,美國到二十世紀初年,銀行資本已非常膨大,因而他對於向來所經營的銀行業務感覺不足,乃進一步來直接干預產業.美國銀行資本支配產業的方法,普通是藉投資公司(Investment Companies)及參與制度(Interlocking Directorates)的二種方法.前一種方法是,銀行除經營銀行業務以外,並營股票,或組織新公司投資產業界;後一種方法,即由銀行的董事兼任其他許多企業的重要職務,以統制那些企業.這還不只此,美國的銀行資本也集中在少數大財閥的手裏,如摩爾根(Morgan)便是美國最大的金融資本家,而羅克斐拉(Rokefeller)則是產業資本財閥最顯著的代表.

美國最初的獨占組織的形態，即所謂「普爾」(Pool)，這種「普爾」是企業間一時的利益協定，沒有由競爭中永久保證價格及企業的安全，所以這種形態不久爲托拉斯(Trust)[1]所代替。美國最初的托拉斯是美孚煤油公司(Standard Oil Co.)，繼而砂糖業、礦業、鐵道業、蒸溜業中都出現了托拉斯的組織，至一八九〇年，美國托拉斯的數目已達一百五十七個之多。托拉斯獨占形態發達的結果，使弱小的企業迅速滅亡，因此很引起反對托拉斯的呼聲。一八九〇年聯邦政府乃頒布有名的錫爾曼反托拉斯法(Sherman Anti-Trust Law)，强制解散有力的托拉斯。政府的這種措施雖然使托拉斯的名稱在美國不能使用，但托拉斯的實體仍取別的形態繼續存在，而且至今日還是不斷的發展着。

資本集中的結果，一方面使產業界出現了獨占的組織，而另一方面則引起勞工的反抗運動。在早先，工廠很少，雇主與工人之間常有一種親切的關係；

自近代大工廠成立以來，這種雇主與工人間的關係完全消失。工廠主人可以遠在其他都市和外國，而工廠則由經理人經理。所以有人說大公司或大工廠是「無靈魂」的，他們爲了要賺錢，往往減低工人的工資和工作時間。

工人在這種情形之下，爲了自己的切身利益起見，也組織工會以爲反抗。所以勞工運動是跟近代資本主義制度而產生的東西，及至產業界出現了獨占階段，勞工運動卻格外澎湃了。

美國最先具有全國性質的大規模的勞工團體，要算勞工俠義武士團（The Noble Order of Knight of Labor）這個團體在一八六九年創設於費拉德爾費亞，有一百萬以上的工人會員，它的主要要求是：（一）規定八小時工作制；（二）改善工廠及礦坑的衛生設備；（三）給在業內受傷工人賠償損失等等。他們的這些要求雖然也有一部分得到政府的承認，但後來這團體因爲領導幾次大罷工失敗而瓦解了。

繼武士團而起的全國工人組織，是美國工人同盟會（The American Federation of Labor）這個工人團體成立於一八八一年，有二百三十多萬工人加入。他是溫和的工人團體，雖不曾領導工人與資方鬬爭，但因爲這團體的原故，政府卻訂了許多保護工人的法律，一九一三年美國勞工部成立，工人同盟會的職員被任爲部長。

因爲雇主與勞工的對壘，美國也不斷爆發了許多罷工鬬爭。其中最著名的，如一八七七年的賓夕爾法尼亞鐵路工人的大罷工；一八八四年至一八八六年因爭取八小時勞動制所引起的所謂「大動亂」一八八六年芝加哥（Chicago）各製造工廠的罷工；一八九二年賓夕爾法尼亞製鐵工人的罷工等等，尤其一八九四年的鐵路罷工，其影響幾及於全國。

註〔一〕托拉斯是各企業的合併組織，目的在從事大規模生產，壟斷市場，以取得獨占的利潤。這些合併的企業主人，把產業交給由股東中選出的「信托人」（Trustee）手中，故有托拉斯之名。

托拉斯其原名 Trust 即信托之意

問題

一　南北戰爭以後美國產業呈空前繁榮，其原因何在？美國的工業生產，與歐洲比較起來，有甚麼特點？

二　何謂「國境消滅？」是怎樣造成這個現象的？南北戰爭以後美國的農業發展有甚麼特色？

三　何以南北戰爭以後美國的政爭都集中於經濟問題？關稅提高與工業有何影響？當時的貨幣爭論，以那二個尚傾爲中心？美國是甚麼時候採用金本位制的？

四　聯邦準備銀行法在美國金融上引起怎樣的變化？

五　獨占組織是怎樣造成的？近代大工廠制何以是「無靈魂的？」他怎樣引起勞工運動？這種勞工運動，在美國有怎樣的歷史？

第七章 帝國主義的美國

第一節 美西戰爭的前後

資本主義經濟發達的結果，必然的要出現了帝國主義，這在現在已是大家週知的事．資本主義的國家，因爲生產的不住擴張與大多數國民的貧困化（資本集中的結果，）弄得生產過剩；因爲資本集中與獲利豐厚，以致資本過剩；因爲原料需要之激增，以致原料缺乏；——於是不得不紛紛向海外尋求銷貨市場以及原料出產地和投資地，因此就踏上了帝國主義的階段．資本主義的美國，當然也不能例外．

我們如果要追溯美國帝國主義政策的歷史，便應當從門羅主義說起．門羅主義如上面所說，是美國壟斷南北美洲大陸的雄心的表現，但那時美國在經濟上沒有發展到帝國主義的階段，所以當時他並沒有把南北美洲完全當作自己的銷貨市場及原料出產地和投資地.隨著美國國內產業的突飛猛進,其對外侵略的要求便逐漸加强,於是有汎亞美利加主義(Pen-Americanism)運動的興起.所謂汎亞美利加主義,和世界大戰前俄國的汎斯拉夫主義(Pen-Slavism)德國的汎日耳曼主義(Pen-Germanism)一樣,具有侵略的性質,即美國想利用地理的關係,把南北美洲二十一個國家(加拿大除外)囊括於自己的支配之下.美國努力的結果,終於一八八九年在華盛頓召集了汎亞美利加會議,但那時美國雖已有向國外銷售剩餘商品的需要,卻還沒有剩餘資本可以向其餘的美洲國家投資,而使之入於自己的牢籠之中,所以在會議中並沒有很大的收穫.

美國一方面想獨霸新大陸,同時又因爲橫斷大陸鐵道的完成,注意於遠東商務的開拓.他曾於一八四三年派遣艦隊迫使日本開港,一八四四年曾和中國締結通商條約,但與美國帝國主義的以後發展有比較重要關係的,則是土土伊拉島（Tutuila I.）和夏威夷羣島(Hawaiian Is.)的佔領.土土伊拉島是薩摩亞羣島(Samoa)中的一個島嶼,美國因爲和遠東方面通商的關係,很需要在太平洋中有個軍港,爲了這個目的,于一八七二年與土土伊拉島上的小王締結條約,取得該島上巴哥巴哥(Pago Pago)港的專用權.一八九九年他就佔領了這個島嶼.

夏威夷羣島在太平洋中的位置,比薩摩亞羣島更爲重要.十九世紀中葉時,美國人在這島上的勢力已經很大,他們屢次煽動革命,要求美國合併,至一八九八年,美國乃正式宣布這島爲其國土的一部分.

但美國之眞正成爲近代帝國主義國家,卻是由美西戰爭開始.美西戰爭的導火線則是古巴島問題.

加里比安海(Caribbean Sea)的古巴島,本是西班牙的領地,島上的物產很豐富,而且在國防上也占着重要的位置.因此美國早就垂涎於該島.一八〇五年以來，美商相繼投資古巴，經營製糖業、煙艸栽培業、鐵鑛業、鐵路業、及造船業.直至一八九三年時，其在古巴的投資已超過五千萬元，貿易額達一億金元以上，債款則有一千六百萬金元之多.這就說明美國在經濟上已佔領了整個古巴.一八九五年古巴發生革命，要求脫離西班牙政府獨立，使製糖業——當時古巴糖的產額占世界第二位——大受打擊，於是美國政府便於一八九八年藉口西班牙軍隊的殘酷行爲，派艦與西班牙開戰.

加利比安區域圖

美國與西班牙經過四個月的戰爭，西班牙的海軍完全被美國克服了，十月間美國與西班牙代表在巴黎議和，結果西班牙承認古巴獨立並割坡多利科（Porto Rico）、關島（Guam I.）及非律賓羣島（Philippine Is.）與美國，美國則付二千萬元與西班牙，以作爲取得非律賓的代價。

美西戰爭以後，美國在太平洋上的勢力便大大的擴張，其中最關重要的是非律賓羣島的佔領，非律賓不僅是著名的橡皮出產地和美國工業品的銷售市場；其最重要的卻是他在太平洋中所占地位的重要，他是美國對中國貿易的一個極重要的要隘，其重要實有如香港之於英國。

第二節　門戶開放主義

美西戰爭給美國的歷史發展劃出了一個新時期，自此以後，美國放棄了傳統的孤立政策而躍入於世界强國之林，所以美西戰爭也可以說給美國帶國主義奠定了初步發展的基礎．一位美國的著作家赫赤孫（Hutcheson）說道：「不管我們的心願與需要如何，合衆國再也沒有孤立的可能，我們並不像華盛頓時代那樣可以自由避免歐洲的糾纏．蒸汽和電氣已減去不少的空間，因而使世界各强國如擁擠街市中的行人，左衝右撞了．」

美國現在既然不能孤立，既然要到殖民地爭奪舞臺上來和其他帝國主義者「左衝右撞，」那末他到那裏去尋求殖民地呢？我們知道歐洲列强進入帝國主義階段，遠較美國為早，歐洲不容美國插足是很明顯的，非洲已被英法德等國家瓜分殆盡，使美國無法在那裏開拓銷售市場和投資地，所以美國目光便朝向太平洋東岸來找出路了．

不幸得很，當美國在太平洋上獲得對遠東伸張其勢力的根據地時，其他列强帝國主義在中國的勢力範圍政策，正達到最高點，中國的市場，事實上已被他們所瓜分，被他們鎖閉．在中國沒有租借地和勢力範圍的美國，這時候要參與中國宰割已不可能，所以勢非推翻列強在中國的勢力而樹立門戶開放主義不可。因此一八九九年十一月九日，美國國務卿海約翰(John Hay)乃訓令美國駐英、法、德、俄、日、義六國的外交代表，聯合各駐在國政府，正式宣布各該國在中國所佔領土內的門戶開放政策。這門戶開放的原則，分爲三項：

1. 各國互不干涉在華的利益範圍、或租借地內的「條約港、」或其他已得之利益；

2. 中國協定關稅稅率，對於中國各口岸上陸或轉運的各國貨物，應一律適用，其所納的關稅，應繳給中國政府；

3. 通過各該國勢力範圍內之海口的任何一國船隻，不得徵收較該本國船隻更高的入港稅；在各該國勢力範圍內，由各該國興建、管理或經營的鐵道，對於任何國家的貨物，不課高於各該本國的運費。

美國發出這個照會以後，陸續接到各國政府贊同的覆文。一九〇〇年三月二十日，海約翰重行照會各國政府，聲明大家意見既然一致，以後應「相互擔保保持商業現狀，並相約在其勢力範圍之內不採取足以毀壞門戶開放的任何措置.」

美國宣布門戶開放政策的目的，是使美國能夠不因列强勢力範圍的抑制而對中國作經濟的侵略，是很明顯的事．不僅如此，美國因爲在中國沒有特別的勢力範圍，所以他時時願意爲中國効勞，監視列强的行動和野心．在義和團事件中和在日俄戰爭時，美國都扮做一個幫忙中國的好人．美國羅斯福（Theodore Roosevelt）總統曾經很驕傲的說，「美國是世界的巡查」而美國之所以如此，實在是別具心腸的.

第三節　美國之强盛

美國一方面標榜門戶開放主義以開拓其在遠東的投資地和商品市場，

而另一方面則又以門羅主義的老調以對付美洲各國.自美西戰爭以後，古巴事實上落入於美國帝國主義掌握之中，大宗的美國資本更不斷的狂湧而進古巴，古巴便成爲美國「保護下的獨立國」.古巴變成美國的保護國以後，他又開始解釋門羅主義，要使聖多明谷(Saint Domingo)和海地(Haiti)變成保護國.聖多明谷(卽現在的多米尼亞共和國)和海地同是安的利斯羣島(Antilles)中海地島上的國家，一九〇六年時，聖多明谷的財政瀕於破產，投資於該地的歐洲各國，便想佔領其海關，以補償債權的利益，美國當然不容許歐洲列强再在他的勢力範圍之內伸張勢力，於是便在「幫助」的美名之下，派人去代聖多明谷政府徵收關稅，進而監督其財政，自此，聖多明谷便變成了美國勢力監視之下的破產者.海地則因發生革命而入於美國的掌握.不久，中美各國，哥斯達黎加(Costa Rica)尼加拉瓜(Nicaragua)宏都拉斯(Honduras)薩爾瓦多(Salvador)和危地馬拉(Guatemala)也都入于美國勢力的支配之下.

在美國帝國主義的美洲諸國的經營中,與現代世界形勢關係最切的,是巴拿馬運河(Panama Canal)的開鑿.在尼加拉瓜或巴拿馬地峽開鑿一條運河以溝通大西洋和太平洋航路的事,很久以前便有人注意,所以在一八五〇年時,英美間便有克雷登普爾衛條約(Clayton-Bulwer Treaty)的締結,根據這個條約,若這條運河開鑿成功,則運河的兩旁和口岸上,不能設置武備.到美西戰爭以後,美國已踏進帝國主義的階段而欲與其他列强問鼎於太平洋,因此他絕對不願意使這條運河亦成中立的,於是英美間又重訂海盼斯福條約(Hay-Pennefote Treaty),這條約中英國答應運河爲美國所有,由美國警備,惟美國須允許各國商船和軍艦自由通行.

自英美間的重訂條約成立後,美國乃積極進行這一條運河的開鑿.一九〇三年美國與哥倫比亞(Columbia)外交總長成立海赫倫條約(Hay-Herran Treaty)，以一千萬元租借巴拿馬地峽，可是這個條約爲哥倫比亞的上院所否決而不能實現，美國遂煽動巴拿馬居民革命，並以武力使巴拿馬成爲美國保護下的新共和國，于是巴拿馬運河開鑿的權利，美國便很順利的得到.

這條運河是一九一四年竣工的，美國爲開鑿這一條運河一共費去了四五三、二六六、一三九金元．但美國所得到的利益是甚麼呢？這條運河使紐約與舊金山間的海路縮短了一二、六七六公里，使美國的太平洋商務益見發達，據一九二四年的統計，經過巴拿馬運河的船隻多過蘇彝士運河 (Suez Canal)，使美國在世界上商業的權威增大．還不僅此，美國在這條運河上的利益，主要的還是軍事方面，他加强了美國對中美洲的支配力，使美國

巴拿馬運河

的大西洋艦隊與太平洋艦隊可以互相聯絡，因此，檀香山、薩摩亞及菲律賓等太平洋上的海軍根據地，對美國的作用也大大的加强，美國也因而想以太平洋爲其內湖了。

問題

一　甚麼叫做汎亞美利加主義？　美國提倡這主義的用意何在？

二　美西戰爭是怎樣發生的？　結果美國得到甚麼利益？

三　美西戰後，美國外交政策有何改變？　何謂門戶開放主義？　美國爲甚麼要提出這主義？

四　美國爲甚麼要煽動巴拿馬獨立？　巴拿馬運河鑿成後對於美國有甚麼影響？

第八章　美國與世界大戰

第一節　美國之參加戰爭

在美國開鑿巴拿馬運河竣工的一年，歐洲爆發了空前未有的大戰爭，關於這次大戰的由來，不是我們的範圍，我們不去說他；不過我們應當知道，自從歐洲大戰爭爆發以後，歐洲强大的帝國主義國家，都捲入於戰爭的漩渦之中，他們都以全力應付戰場，非但不能再有和平時那樣的從事海外貿易，並且他們本國也需要外國的供給．美國在十八世紀末英法戰爭時，因維持中立而得到很多貿易的利益，這是我們已經說過的；美國此時也當然討着歐洲戰爭的便宜，從中取得很多的通商利益，所以起初他不願意參加戰爭，所以中立國自居．

美國雖然保持中立而欲從中取得貿易的利益，但參戰各國，他們爲了軍事上的意義，並不顧念到中立國的貿易利益．英國的海軍爲要斷絕德國的海外供給和制止德國海軍的活動，把德國的海口封鎖起來，使德國的艦隊不能參加作戰，並且使五百萬噸的德國商船失其効用．一九一四年十一月，英國爲要斷絕德國海外的供給，又宣布整個北海（North Sea）爲軍事區域，斷絕了中立各國與德國的通商關係，因此美國便和荷蘭，丹麥等中立國提出海洋自由的原則而對英國抗議．

德國的海路既被英國封鎖以後，它爲要破壞英國的禁錮，乃採用潛水艇政策．這個政策的目的，在破壞協約國方面的通商船隻，以斷絕英倫三島四千五百萬生命的食料和英國工廠所必需的原料品，使英國淪于飢餓與失業的狀態；不久又宣布英國周圍海面爲海戰區域，通告任何國船隻不得來往．這在美國當然也是難堪的事，所以華盛頓政府又對德國的潛水艇政策提出嚴重抗議．

不管美國的抗議，自一九一五年二月至四月間，德國的潛水艇擊沉了六十艘船舶，五月間又無警告的擊沉英國商船路息脫尼亞號(The Lusitania)．路息脫尼亞船中有百數十名的美國人民因而致死．這件事發生以後，美國的輿論十分激昂，美國政府對德提出抗議，而當時美國在野的共和黨更主張對德宣戰．德國當時也怕美國幫助協約國，乃表示限制潛水艇戰爭，以後不再無警告的擊沉商船．

至一九一七年二月，德國又復採用無限制的潛水艇政策，宣言擴大美國四周和地中海爲海戰區域，宣言對中立國通經該處的船舶不負保護之責．至此，美國政府當局明白自己國家的利益不能與整個世界的政局沒有關係．不僅如此，在大戰爆發後的數年中，美國的工業有飛躍的發展，其貨物代替歐洲列强而侵入於世界各地，其金融資本以高利率鉅額的流入協約各國，使世界金融市場的中心由英國的倫敦轉移至美國的紐約．若德國一旦戰勝，美國將但放給協約各國的債款無法收回，並且美國在戰時所獲得的經濟支配權也將完全消失因此美國遂於一九一七年二月三日對德斷絕國交二十六日宣布武裝中立政策，武裝一切商船．正當這個時候，美國政府又發見德國賄賂墨西哥和日本去攻打美國的計畫，威爾遜（Woodrow Wilson）總統乃於四月六日布告對德宣戰．同年年底又布告對奧匈帝國宣戰．

美國對德宣戰以後，一面便即刻頒佈徵兵制度，徵集二十一至三十一歲的壯丁編成新軍隊，一面募集戰費準備軍需糧食，派海陸軍渡歐與協約國軍隊共同對德作戰．美國之參加戰爭，正在協約國與同盟國雙方軍隊都精疲力竭勝負未卜的時候，偶然間協約國方面增加了美國的一支生力軍，自然對於戰爭的勝負有莫大的關係，而終于使同盟國方面屈服了．

第二節　巴黎和會中的威爾遜總統

一國的外交是以其國內的經濟情形做基礎的，美國當然也不能兩樣。美國帝國主義因爲參加殖民地的掠奪遠較歐洲列强爲遲，沒有像英法等國領有廣大的海外殖民地以爲其商品市場和原料供給地及投資地，所以他早就希冀能够以其偉大的經濟力量衝入於其他列强的殖民地和勢力範圍中去。所以它主張門戶開放，主張海洋自由主張撤去各國的經濟壁壘。在世界大戰期間，美國的經濟得到飛躍的發展，對于歐洲各國握有巨大的債權。此時美國爲要保持戰爭開始以來的繁榮維持其債權人的地位，便進一步企圖來做世界政治的霸主。爲了這個目的，一九一八年一月八日，威爾遜總統便向美國議會提出著名的十四條件，並宣言這是永久和平的基礎。這十四條件的主要內容是這樣的：

1. 和平條約須公開簽訂，將來國際間亦不得運用祕密外交；
2. 領海以外的海上航行，無論在戰時或平時，均絕對自由；

3. 各國須竭力撤去一切經濟壁壘，使各國貿易機會均等；

4. 減少各國軍備至能維持國內安寧的最低限度；

5. 須公平考核殖民地人民的要求，殖民地人民的權利與領有國的權利，有同等的重要；

6. 恢復俄國被德國奪去的領土，並任俄人組織自己所願意的政府；

7. 撤去比利時境內的各國軍隊，恢復比利時之獨立與自由；

8. 恢復法國被侵害的土地，亞爾薩斯（Alsace）洛林（Lorraine）歸還法國，並匡正德國的謬舉；

9. 依據民族地帶改訂意大利境界；

10. 予奧匈帝國內諸民族以自治發展的機會；

11. 恢復土耳其羅馬尼亞（Romania）塞爾維亞（Servia）門的內格羅（Montegro）的領地，並給塞爾維亞以出海口；

12. 土耳其帝國統治之下的其他民族，應有自主發展的機會；永久開放達達尼爾海峽（Dardanelles），允許各國自由航行；

13. 恢復波蘭爲獨立國並與以出海口；

14. 組織國際聯合會以保障大小各國之政治獨立與領土完整。

威爾遜爲了要擴大美國對全世界的經濟支配（如第二條和第三條），爲了獲得全世界弱小民族對美國的好感，爲了要抑制戰勝的協約各國的氣燄以樹立其世界霸權起見，在發表了上述十四條件以後，又於這年二月十一日作這樣的演說：「此後人民的主權絕對不能因一個國際會議或幾個競爭者的諒解而妄予轉移，人民們對於他們自己民族的熱望，是應該備受尊敬的，……對於弱小民族的權利，這次戰爭應該根本負有維護的使命，」

威爾遜的這一腔悅耳的言辭，一時確抑制住了歐洲列強的氣燄，並且他們也確乎有一個時候「假熱心」的爲威爾遜的十四條件作脣舌上的宣傳。

但到巴黎和平會議開幕時，戰勝各國卻絲毫不能減低各自侵略的野心，因而威爾遜在議場中便與各國的代表發生許多次的衝突，如薩爾（Saar）問題〔一〕、阜姆（Fiume）問題〔二〕、以及山東問題〔三〕，都是其中最著的，弄得威爾遜一人孤掌難鳴。

威爾遜在和平會議中失敗了，那末他所首創的國際聯合會怎樣？威爾遜在著名十四條件的最後一條，主張設立國際聯合會的目的，是想拿這個國際機關來統御全世界。美國的這個提案誠然爲和平會議採納了，並且國際聯合會的約章列爲凡爾賽和約的第一章，但這國際機關成立以後卻爲英法所挾持。一九一九年十一月，美國上議院遂不批准和約，弄得美國所首倡的國際聯合會竟沒有美國參加，威爾遜的十四條件祇成爲可憐的歷史上的文件。

註〔一〕薩爾是著名的煤區，位于德法交界之處，本德領，和會中法欲攫爲己有，威爾遜則力持異議，後決定暫由國聯管理，煤則由法國開採，十五年後由當地居民投票處決歸德或歸法，其地今已由居民投票交還德國。〔二〕阜姆是亞得里亞海的一個名港，在和會中意大利曾作併吞的要求，威爾遜亦加反對，以致意代表暫時退出和會，終未在和會中得到解决。〔三〕在和會中日本要求繼承德國在山東的權益，威爾遜則主張應歸還中國，與日本代表衝突，結果這問題亦未得在和會中解决。

第三節　美國成爲世界資本主義的中心

美國受世界大戰最大的恩賜，是該國的經濟繁榮在世界大戰期內，歐洲各國一方面因爲生產機構受到很大的破壞和農業的衰退，需要美國槍械、彈藥、食料以及工業品的供給；而另一方面則因爲歐洲列强疲于戰場中的應付，沒有多餘的力量在經濟上去統御殖民地，給美國的海外貿易以千載一時的良機。當時美國對外貿易的擴張可看下表的統計數字：

大戰期中美國對外貿易擴張表（單位百萬金元）

年次	輸入	輸出	出超
一九一三年	一七九三	二四八四	六九一
一九一四年	一七八九	二一一四	三二四
一九一五年	一七七九	三五五五	一七七六
一九一六年	二三九一	五八四三	三〇九一
一九一七年	二九五二	六二三四	三二八一
一九一八年	三〇三一	六一四九	三一一八
一九一九年	三九〇四	七九二〇	四〇一六
一九二〇年	五二七八	八二二八	二九五〇

美國對外貿易這樣急劇的發展，當然因爲大戰期間美國生產的發展所

致，這是不容疑義的.美國的工業生產總價值，在大戰爆發的一九一四年爲二四、二〇〇、〇〇〇、〇〇〇元美金，至一九一九年增至六二、六〇〇、〇〇〇、〇〇〇元美金，美國工業的總資本在一九一〇年時爲一八、四二八、二六九、七〇六美金，至一九一五年增至二二、七九〇、九七九、九三七元美金，一九二〇年復增至四四、四六六、五九三、七七一元美金.在大戰以前，美國遜於英國主要的商船.一九一四年六月，美國海船噸數僅四百三十萬噸，而英國有一千九百萬噸，德國有五百萬噸.可是到了一九二〇年美國與英國的比例是一千二百萬噸與一千八百萬噸了.而汽車工業、化學工業及電氣工業的發展，更加可驚.

美國的工業既有如此巨大的發展，其在世界總生產額中所占的位置當然也跟着增高，由下面的一張表中，我們可以看得很明白.

美國在世界總生產額中所占地位與歐洲各國比較表：

州名 年代 主要生產 生產額百分比	歐洲 一九〇九——一三年	歐洲 一九二〇——二四年	美國 一九〇九至一三年	美國 一九二〇至二四年
煤	五〇·四%	四三·六%	四一·五%	五五·七%
鐵	五七·三	四三·三	三九·八	五二·六
鋼鐵	五五·二	四三·一	四二·五	五三·六
棉花消費量	三二·五	三六·四	二四·〇	二七·九

煤、鐵、鋼是製造生產所必需的資料，它們的生產也就是基本的生產，美國在大戰以後竟激增至占世界總生產的一半以上，而超過整個的歐洲.這明白的表示美國大戰後在整個世界經濟體系中的位置之重要，它已代英國而爲世界資本主義的王國了.

美國的農業自一九一〇年至一九二〇的十年間，也呈空前未有的繁榮.

因爲對外貿易的發展與市場要求的激增，使美國的主要農產物的價格騰昂了百分之二百乃至三百。於是耕地面積激急的擴大，大約有四十萬英畝的牧場和五百萬英畝的森林地帶，被變更爲耕地。美國農業生產物的總價值，在一九〇〇年爲五十萬萬元美金，一九一九年卻增至二百三十五萬萬元美金了。

美國的繁榮還不僅是生產的激增與對外貿易的發展，它在大戰中對歐洲各國更放出巨大的債款，而爲偉大的債權人。歐洲各國欠美國的債款如下：

歐洲各國欠美戰債表

國別	債務本金(美金)	利息	總額
英國	四、六〇〇、〇〇〇、〇〇〇	—	四、六〇〇、〇〇〇、〇〇〇
法國	三、三四〇、六〇六、〇〇〇	三六七、〇八二、五四七	三、九九〇、六五七、六〇六
意大利	一、七四六、九九七、〇五〇	六五〇、〇五一、三九	二、〇一五、〇七九、三九七

比利時	三七七、〇二九、五七〇	七七、四三三、六〇三	四五四、四六三、一七三
俄國	一九二、六〇一、二七九	四九、三〇一、七七五	二四一、九〇三、〇七二
捷克	九一、八七九、六七一	一九、〇二六、〇五三	一一〇、九〇五、七二四
其他各國	三一八、三九五、三七五	五八、六〇五、八九七	三八七、〇〇一、二七二
合計	一〇、五七八、五〇九、三四〇	一、二三一、五〇〇、九〇四	一一、八〇〇、〇一〇、二四四

除這驚人的戰債以外，美國在外國還有比這個數目更多的投資．至一九二八年末美國對外投資總額為一百五十六萬萬金元．其中歐洲占四十八萬萬元，加拿大占四十一萬萬元，中美洲占三十萬萬元，南美占二十五萬萬元．

因為上述的種種原因，美國的國富便驚人的增加起來，使美國在世界經濟中占最重要的位置．美國國富在世界各國總數中所占的百分數有如下表所示：

一九八八年　　占全世界百分之一九·四
一九一四年　　占全世界百分之三三·九
一九二五年　　占全世界百分之四〇

這樣，在大戰以後，美國的金元勢力實已支配了全世界而為世界資本主義之中心了．

問題

一　美國為甚麼起初保守中立而後來卻參加歐戰？　美國之參戰與協約國的勝利有甚麼關係？

二　威爾遜提出十四條件的用意何在？　十四條件的主要內容是怎樣的？

三　威爾遜在巴黎和會中怎樣不能實現他的主張？　國聯會怎麼沒有美國加入？

四　在大戰期內，美國經濟怎麼會有飛躍的發展？　戰後美國煤、鐵、鋼的生產在全世界占怎樣重要的位置？

五　美國在歐洲握有多少債權？　其海外投資有多少？　其投資之地點分配是怎樣的？

第九章　黃金國的外交與內情

第一節　門戶開放政策的維持

如上節所述，美國在世界大戰期內，生產有飛躍的發展，國富有驚人的暴增，資本主義國經濟發展的結果必然的要向外侵略，美國國情現在既有如此的突飛猛進，其侵略的氣燄，自然更加高漲了。我們已經說過，太平洋東岸的中國，是美國帝國主義所深切注意的，它爲了要插足中國的宰割，曾提倡門戶開放和機會均等的原則，以衝破列强帝國主義的勢力範圍政策。世界大戰雖然給美國資本主義以空前繁榮的機會，但也給日本獨霸東亞的企圖以實現的良機。日本在大戰期間，曾出兵奪取德國在山東的一切權利，以德國的繼承者自居，並且在一九一五年向中國提出二十一條要求，强迫中國承認。這樣，美國在中國由艱苦中造成門戶開放局面，幾被日本的東亞門羅主義所破壞無遺。

日本之獨霸東亞，破壞中國門戶開放原則當然爲世界資本主義王國的美國所不甘，所以在大戰期間，美國的議會裏和報紙上，早就瀰漫着反日的空氣，巴黎和平會議中威爾遜總統與日本代表的爭執，更明白表示出美國干涉日本行動的決心。而美國的目的，不用說是在於重開門戶開放的局面。

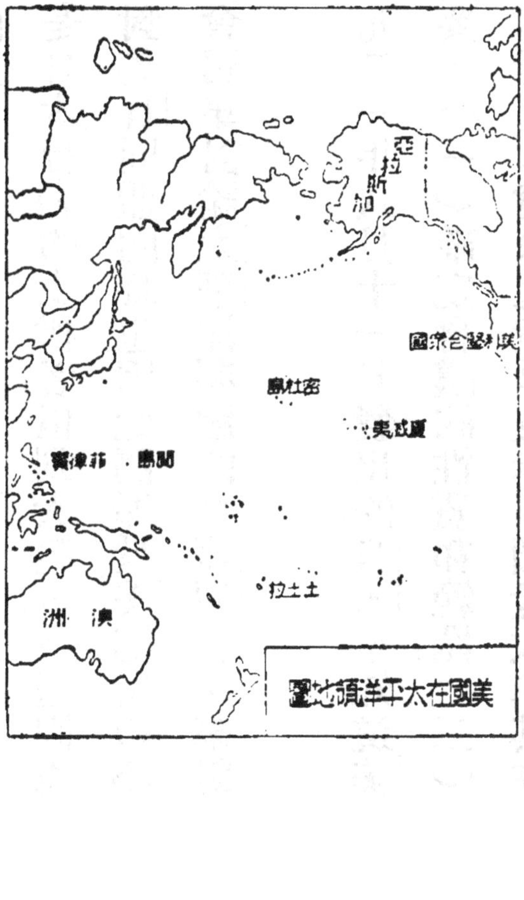

美國在太平洋領地圖

原來美國爲了要維持中國門戶開放的局面，在一九一七年十一月間曾派國務卿藍辛(Lansing)很遠的跑到日本與石井子爵成立協約，即所謂藍辛石井協約，在這協約中，美國對日本表示相當的讓步，承認日本因與中國領土接近而有特別的權利，但要日本保證中國領土的完整和門戶的開放．這個協約，在美國起初以爲可以稍稍抑制日本，但事實上恰相反，日本政治家解釋爲美國承認其在中國的行動．因此，美國乃不得不另謀途徑以抑制日本了．

大戰以後數年間，太平洋上的形勢漸漸轉利於美國了．英國與日本之間本來有同盟條約的，這同盟條約是日本行動的支撐者，但到大戰後，英國因爲加拿大、澳大利亞等殖民地的反對英日同盟，同時也因此開罪於美國．所以不主張繼續．於是美國便借這個機會召集討論太平洋問題的華盛頓會議來對付日本．

華盛頓會議的邀請書，是一九二一年八月十一日發出的，日本早知道美國的用意，於接到邀請書後，即刻要求：（一）確定會議的性質和範圍；（二）「特定國間」與「既定事實」不得加入討論．這就是表示不願意放鬆其在中國已得的權益．但這時日本終因沒有英國的支撐，又害怕美國無畏艦的速牽，終於不得不派代表到會在這次國際會議中一共簽訂了九種條約，其中最關重要的是英、美、日、法、義五國海軍限制條約、英美法日的四國協約、和英美日法義比荷蘭葡萄牙中國的九國公約.

在第一種條約中，把日本的海軍限制爲三十一萬五千噸，英美各五十二萬五千噸，法義十七萬五千噸.使太平洋上的英美日三國海軍成爲鼎足而立的均勢局面.英美兩國海軍保有額雖比日本爲大，但他們兩國須兼顧大西洋的防務.

四國公約的主要內容是：（一）締約國間彼此尊重太平洋島嶼上的領土權利；（二）取消一九〇二年七月在倫敦所締結的英日同盟.

九國公約的主要內容是：（一）尊重中國主權獨立和領土、行政的完整；（二）給予中國以完全無礙的機會，以發展並維持一有力鞏固的政府；（三）確定並維持各國在中國境內工商業機會均等的原則；（四）各國相約不得因中國狀況乘機營謀特別權利而減少友邦人民的權利，並不得容許有害友邦安寧的任何行爲.

這九國公約就是美國在華盛頓會議中維持門戶開放主義的最重要的戰利品，他無形中取消了列强勢力範圍的存在，在遠東造成自由競爭的局面，美國的目的也就是想藉門戶開放的口號，使他自己偉大的黃金力量不斷的注入中國而支配了中國.

第二節 美國與歐洲的糾紛

威爾遜在巴黎和會中的失敗，雖然給美國爭取世界政治領導權的企圖受到很大的打擊，但美國因爲它有偉大的經濟威力，在歐洲握有鉅大的債權，歐洲各帝國主義國到底無法排除它於歐洲以外，因此，美國也無時不想捲土重來，以奪得世界霸主的地位.上述華盛頓會議，同時也就是美國這種野心的

一個表現

戰後美國在歐洲握有鉅大的債權，我們已經說過了.這筆戰債的收取當然是美國的大收入，不容放棄，而同時美國還想藉這條黃金的鏈索來束縛歐洲各國，使它們在自己金元的面前屈服.歐洲列強此時正在大戰的破壞以後，自然沒有能力來履行短期間內償還債款的諾言，所以英國一九二〇年便倡戰債相殺論，以英國放棄各國對英債務爲條件，希望美國也勾消對英的債權，來復興戰後的歐洲；而法國也自負是「戰場上的英雄」，要求欠美戰債一筆取消.

英法等國這種直截了當的「賴債」方法，當然爲美國所不能同情，美國爲對付這個「賴債」的企圖起見，於一九二二年二月在議會中通過所謂戰債清償條例(Foreign Debt Funding Act)，規定協約國的債務必須償清，並組織債務委員會計畫在二十五年內索回一切債款，利息爲百分之四・二五.美國的這個條件宣布以後，立刻引起英國的反對，同年八月間發出倍爾福通牒(Balfour Note)號召各協約國共同來設法對付．牒文中說，假使戰債問題可以得到一個總解決，則英國非但對於協約國的債權可以放棄，就是對於德國的賠款也可以放棄．英國的目的是想組織一個歐洲債務國同盟來對付美國．而美國對於英國這種態度則嚴加拒絕，他說：戰債與賠款無關，而且協約各國所欠美國的債款決計不能共同解決，因爲英國向美國借債時，美國沒有要求其他國家做擔保．兩方面的這種爭執，一直到一九三三年戰債協約成立時纔暫時告一段落．這個協約把協約各國償還戰債的時期規定爲六十二年，開始時數目較少，後來逐漸增加，統計從一九二三年至一九八四年六十二年內，英國應償還美國一百十一萬萬美金（內本金四十六萬萬，利息六十五萬萬）法國應償還六十八萬萬美金（內本金四十萬萬，利息二十八萬），意大利應償還美國二十四萬萬美金．（內本金二十萬萬美金，利息四萬萬美金．）

美國不但要以戰債問題來支配歐洲，並且還參與賠款問題，把自己的過剩資本向歐洲輸出，以期壟斷歐洲的經濟，所謂賠款，就是大戰後協約國所課之於德國的，起初決定為一三六、〇〇〇、〇〇〇、〇〇〇金馬克，（貨物尚不在內，）但是這種天文學上數字的賠款，德國雖傾全力也不能支付，以致引起法比二國進兵佔領德國最重要的工業區域魯爾(Ruhr)的煤礦，德國經濟於是益趨險惡，協約各國乃設立專家會議來考慮賠款問題。這個專家會議中，美國的財政專家道威斯(Charles Dawes 他以後是美國的副大總統）和銀行大王羅克斐拉（Rockefeller）都被邀列席，而道威斯還被任為委員長。美國的財政專家為自己國家的金融資本家効勞是沒有疑義的，所以他領導的委員會所成立的計畫（即道威斯計畫）第一要在德國設立一個不受德國政府管理的銀行；第二要以一向國有的德國鐵道歸私人公司所有；第三要以德國工業作抵發行五十萬萬馬克的公債；第四給德國募集八萬萬馬克的外債．這時歐洲各國剛在大戰之後，自然沒有多大的餘力來投資德國，於是美國的金元便在復興歐洲的美名之下大量的輸入德國，結果德國的鐵道在美國的影響之下，德國的許多大企業爲美人所收買，幾乎使德國變成美國的工業殖民地．

繼道威斯計畫之後有所謂楊格計畫(Young Plan)．楊格是美國的一個大銀行家，在他的賠款計畫中，美國當然也討着便宜．其中最重要的一點是國際決算銀行(Bank of International Settlement)的設立．這銀行實際上做了美國資本在歐洲的有力工具，美國想藉以統御全世界金融．

不管美國口裏說戰債與賠款無關，而事實上美國專家的計畫，一方面也顧慮到美國戰債的收回問題．我們只要看楊格計畫下各國所得賠款與付美債間的關係，就可以明白了(單位百萬馬克：)

德國（四三七、七）→賠款銀行→

二四九、三→法——→一〇八、四
九七、四→英——→一七七、五
五〇、九→意——→二六、五
二七、五→比——→一一、七
二〇、〇→南斯拉夫→一、一
一五、七——
四、八→羅馬尼亞→一、九
三、一→葡萄牙——
三、一→日本——
一、七→希臘——→〇、三
〇、一二→波蘭——→六、九

→美國（三五〇、〇）

從上面看來，我們可以知道美國是如何經過英法意比等國之手吸收賠款的最大部分．各國的償付美債既然以賠款爲來源，所以美國不允各國「賴債，」而各國也就無法放棄德國的賠款了．

世界經濟自一九二九年以後陷於大恐慌之中，尤其是負有鉅大賠款的德國，其境況更爲危險，工廠倒閉，失業工人達五百萬以上，金融混亂，銀行紛紛倒閉．若一旦德國經濟破產，非但它本國有被赤化的危險，而影響所及，歐洲以及全世界均將陷於慘苦的命運，此時爲歐洲債主的美國，爲保全自己在德國的三十萬萬美金的投資，減輕美國本國的經濟恐慌、和爭取歐洲領導權起見，乃於一九三一年六月發表停付戰債及賠款一年的計畫（即所謂胡佛計畫，）來做歐洲的救星．胡佛（Hoover）總統的這個計畫，除中間有法國反對以外，總算很順利的爲各國所接受，但歐洲的恐慌並不以此而減輕，美國的情形，也並不因此而有所改進，結果倒反給協約各國以「賴債」的藉口，翌年各國在瑞士的洛桑（Lausanne）召集討論賠款問題的會議，美國即不予參加，對英法要求減少戰債，亦不予接受，所以戰債問題到現在還是美國與整個歐洲間的一個大懸案．

美國與歐洲各國之糾紛焦點，除戰債問題外，就是軍縮和非戰問題．戰後第一次與美國有關的軍縮會議，是上面已經說到過的華盛頓會議．這次會議的結果，把英美日法意海軍的主力艦和航空母艦加以限制，但於補助艦、潛水艇、飛機、運送艦等的比率，卻未有規定．因此各國便移其造主力艦以造他種艦類，結果英國的巡洋艦比美國多至三倍．美國看見這種情形乃於一九二六年二月向英法日意四國發出國書，提議召集第二次海軍裁減會議．其宗旨在圖引用華盛頓會議議決的原則，適用於巡洋艦、驅逐艦及潛水艇等，結果因法意二國，反對潛水艇的廢止沒有參加，於是就改五國會議為三國會議．在瑞士日內瓦舉行．會議中英美二國發生嚴重的爭執，美國要求其補助艦也與英國立於相同的地位，關於巡洋艦的分級問題，英主小型巡洋艦，美則主大型巡洋艦，彼此意見毫無調和的可能，會議終歸失敗．

三國海軍會議失敗以後，英美二國便大規模的各作造艦競爭，美國馬上撥款建造六隻萬噸的巡洋艦，大海軍派更提出所謂二十年海軍計畫，一時英美戰爭的聲浪遍傳於全世界；於是英國便拉攏法國締結英法海軍協定，在協定中，英允幫助法國關於歐陸上的事件，而法國則以海軍助英。這協定公佈以後，各國紛紛反對，尤其是在歐陸上與法國爭霸權的意大利和在海洋中與英爭霸權的美國。美國柯立芝（Coolidge）總統更宣佈建造一萬噸潛水艇二十三隻。結果英法海軍協定只得宣告廢棄。

在英法海軍協定成立之前，法國因爲想和金元帝國主義結友好關係，於一九二七年四月曾向美國提議捐棄戰爭締結兩國的永久通好條約，美國此時一面與英國正面衝突，一面仍不忘情於世界政治領導權的攫取，於是國務卿凱洛格（Kellog）乃主張把法國的建議加以擴大，邀請世界各國加入。中間經過許多曲折以後，一九二八年八月間成立英法美日意等十五國簽字的非戰公約。這公約的主要內容是：

（一）各國宣言不再以戰爭來解決國際爭端；

(二)不論各國間發生任何糾紛,均須用和平方法解決.

這很明白的是一紙空文,除了美國藉以獲得一般人民的信仰以外別無用處.

美英的對立日益尖銳化,非戰公約又不能緩和局勢,於是又有一九三〇年倫敦海軍會議的召集.這次會議勉强總算是成功了,英美補助艦的比率規定亦依照華盛頓會議的比率.英美的海軍鬬爭,至此乃暫告一段落.

第三節　大恐慌中的美國

美國自世界大戰以後,雖也曾經過幾次小恐慌,但就一般的說,它還是向上發展的.美國在戰後的經濟發展與歐洲戰後十年間的經濟衰落,正成反比,這種各產業部門的繁榮現象和利潤率的上升,使一般美國人都爭先恐後的把自己的金錢去購買股票,尤其到一九二四年以後,股票投資的有利,幾成爲美國人民的一般常識,於是股票價格漸次上升.隨着一九二八年的來臨,經濟破綻便開始暴露,但那時所波及的範圍很小,接着因爲胡佛總統的就任,即刻回復景氣,即所謂胡佛景氣.一時汽車工業、礦業、化學及電氣工業都顯示非常的發展.尤其在四月以後,中小有產者一唱百和的都把所有的資財投入於股票,股票的價格竟比一九二三年平均高漲三倍以上.這種過度的高漲,當時就有人以爲是恐慌的前兆,果然到了一九二九年九月間,紐約股票市場一齊崩落.至十月間形勢更形險惡.依照紐約股票交易所的統計,其全部股票價格在十月一日時尚爲八百七十億美金,至二十九日則慘跌至四百八十億美金了.

這股票恐慌的影響即刻波及工業界,在同時期內,美國最重要的工業的生產,減退百分之二十乃至百分之七十.十一月和十二月也發生同樣的情形,倒閉的工廠不斷出現.

然則這大恐慌爆發的原因是甚麼呢?原來美國大戰後的產業繁榮和生

產擴大，主要的是由產業合理化造成的。所謂產業合理化，就是（一）應用機械代替人工，（二）增加勞動強度，（三）改良工廠管理和生產組織。在合理化運動進行之下，社會上便發生下列的現象：（一）失業工人增加，生活益趨貧困；（二）中小企業敵不過大企業的競爭而破產。占人口最大部分的工人和中小企業者的貧困，就是消費力的減退，於是形成生產的擴大與市場狹隘的矛盾，其極便造成了經濟大恐慌。恐慌爆發以後，因生產減退與工廠之紛紛倒閉，一時失業人數達一千二百萬，市場購買力更加狹隘，恐慌遂日益嚴重。

在這嚴重的恐慌之中，胡佛政府自然要籌畫救濟，所以一九二九年九月間有全國實業顧問會的設立。經過全國政治家實業家的努力，至一九三〇年六月間形勢總算稍稍轉佳，但接着又發生了農業恐慌，穀物和棉花的價格慘跌，終至胡佛的恐慌的克服方案完全失敗。一九三一年九月，英國放棄金本位，引起美國金的急激外流，三星期中，美金流出達六億元之多，金外流的結果，銀行的準備金減少，使金融恐慌更加嚴重，影響所及，各種產業更趨衰退，於是政府更以五億元設立復興金融公司(The Reconstruction Finance Corporation)。以救濟企業；並施行通貨膨脹政策，以期提高購買力，但到一九三二年，美國的生產指數還是不斷下降，政府的努力終歸徒勞。

胡佛總統因為救濟恐慌的失敗，備受國人的攻擊，在改選中，民主黨的羅斯福(F. D. Roosevelt)當選。復興金融公司便利用總統更迭的時機，訂購大批鐵軌及其他貨物，造成一時的「人為景氣」，但恐慌反因一時的人為景氣而加深，至一九三三年二月間，遂發生以密執安洲開端的二萬餘銀行的倒閉風潮。

羅斯福總統是一九三三年三月四日就職的，他就職以後，即頒十數種新法，其最重要的是五月十二日的農村救濟法(Farm Relief Measures)和六月十六日的產業復興法(National Industrial Recovery Act)。前者為救濟農業，後者則謀一般產業的復興.胡佛的救濟方法是謀以消費繁榮促進生產的恢復,而羅斯福則企圖先恢復大衆的購買力以繁榮生產機構.爲達到這個目的起見,他創設「頭腦托拉斯」(Brain Trust)、國家復興管理局〔一〕等十個機關,在金融方面,於四月廿日停止金本位,並且計畫龐大的通貨膨脹.在這個計畫之下,一九三三年四月至七月間,美國經濟漸見恢復,但至七月以後,破綻又見,股票又開始跌落,物價又見猛跌.金融復興局爲使美元國外匯兌低落和提高物價計,於十月間開始在國外購買黃金,一九三四年五月以後又進行收買白銀,但實際上始終未見成效,而國人反對羅斯福政策卻跟着漸漸高漲.救濟恐慌既未見成功,國民生計日趨惡劣,反引起廣大的農民暴動與工人罷工運動,威脅着美國統治者的當局所以美國資本主義之能否恢復繁榮,現在幾成爲不可期望的事了.

註〔一〕國家復興管理局原文爲(National Recovery Administration),縮寫爲(N R A)

強森將軍（General Johnson）爲主任，該局用藍鷹做徽號，故稱其復興運動爲藍鷹運動。

第四節　美英美日對立的尖銳化

在美國遭遇嚴重經濟恐慌的困厄時，全世界的其他資本主義國家也同樣遭受到不景氣的摧殘，這些「同病」的國家，於一九三三年的夏天大家都派代表在倫敦開世界經濟會議，都想由會議中得些便宜，以稍稍恢復其本國的經濟，美國當然也是其中的一個主要角色。這次經濟會議席上，各國提出許多極重大的問題來討論，如戰債問題、通貨制度的復興問題、阻止國際間物價下降問題、短期長期既存債務的整理問題、袪除國際通商障礙問題等等。若這些問題都得到圓滿的解決，則世界經濟未始不能相當的轉好。但不幸得很，各帝國主義永遠不會犧牲自己的利益去求整個世界的安定，結果經濟會議終致陷於破裂。

世界經濟會議得不到好結果，是大家早已預料到的，所以各帝國主義國家早就進行其集團經濟運動。所謂集團經濟就是各帝國主義國家各以自己爲中心，把自己勢力所及的一切地域結成一個經濟集團，以求自供自給，對外則高築經濟壁壘以相抵制。因此，美國也就一面加緊進行其汎亞美利加運動，以期獨霸美洲市場；一面向其他的殖民地和弱小國家積極經營。美國的這種政策，當然要和其他帝國主義國家發生衝突，其中最顯著的，是英國和日本。

英國在世界大戰前爲世界資本主義的最有力者，它的殖民地遍於全世界，但自世界大戰以後，英國的世界經濟霸權爲美國所奪去，美國資本大量的流入英國殖民地（其中最著的，如印度與加拿大），在中國南美等地，且處處排擠英國，因此構成英美間互於世界的矛盾。大恐慌爆發以後，英國爲防止美國及日本等國的入侵起見，曾於一九三二年在渥太華召集帝國會議，結成大英帝國的經濟集團，一面在其屬地內排擠美國，一面在中國等處與美國競爭，同時更在南美各國侵襲美國．這旗鼓相當的英美經濟戰，遂成爲世界資本主義國家間的一個最主要矛盾．

美國與日本的矛盾主要的是在太平洋上．我們在上面已經說過，自華盛頓會議以後，美國的門戶開放主義暫時抑制了日本的東亞門羅主義．但至大恐慌爆發以後形勢爲之一變．日本受恐慌的影響，要在自己的統制之下建立東亞經濟集團，企圖獨霸中國，終於在一九三一年挑起了九一八的東北事件，繼而在上海與中國軍隊開戰，繼而進兵華北，把美國的門戶開放主義打得粉碎．但美國因爲國內的經濟恐慌，同時又因和英國有嚴重的矛盾，始終未敢有所舉動，自始至終只有來一個史汀生（Stimson）的「不承認主義」否認憑藉武力所造成的事實，來一個美俄復交以威脅日本．

美英，美日間矛盾至海軍談判決裂後而更趨嚴重．上面說過的一九三○年倫敦海軍條約，有一九三五年召集各國海軍會議以訂立限制海軍新約的規定，一九二二年的華盛頓海軍條約，亦將於一九三六年滿期，依照該約規定，如在滿期兩年前不經締約國宣告廢止，則繼續有效，所以一九三四年有倫敦海軍預備談判會議召集，這次會議已於同年十二月間決裂，決裂後日本即於同年十二月二十九日通告廢止華盛頓條約．就太平洋局勢而言，華盛頓條約本來是個最重要的支柱，它維持了英美日三國在太平洋的均勢，使彼此間不致發生軍事衝突．華盛頓條約廢止以後，英美日間的矛盾勢將由經濟政治的衝突轉化為軍事衝突了．

總之，在國內，經濟大恐慌無法解除；在國際間，與英、日的衝突已非常嚴重，勢將導向戰爭．——這是金元美國的現狀，也就是未來美國歷史發展的出發點．

問題

一　華盛頓會議的由來怎樣？在會議中締了些甚麼條約？這些條約與維持門戶開放原則及太

平洋均勢有甚麼關係？

二　戰債問題，起初英美間發生怎樣衝突？　這衝突後來怎樣緩和下去？

三　在道威斯及楊格計畫中，美國得到了甚麼好處？

四　胡佛計畫的由來和內容怎樣？　戰債問題現在解決了沒有？

五　日內瓦海軍會議失敗後，英美的衝突怎樣？　非戰公約是怎樣成立的？　一九三一年的倫敦海軍會議有甚麼結果？

六　美國爆發大恐慌的原因何在？　胡佛救濟計畫與羅斯福的救濟計畫有甚麼不同？

七　英美的矛盾怎樣？日本掀起東北事件怎樣與美國正面衝突？　海軍談判決裂後，美英、美日的衝突勢將走上怎樣的解決方法？

(天)

參考書

一 E. Channing: Elements of United States History—The Macmillan Co.

二 Edward Channing: A. Short History of the United States—The Macmillan Co.

三 D. S. Muzzey: An American History—Ginn and Co.

四 C. A. Beard and M. R. Beard: History of the United States—D. Appleton & Co.

五 I. Lappincott & H. R. Tucker: Economic and Social History of The United States The Macmillan Co.

六 H. C. Hockett: Political and Social History of The United States—The Macmillan Co.

七 西門士著 王雪華譯 美國社會勢力發展史——神州國光社版

八 俾耳德 巴格力著 魏野疇譯 美國史——商務印書館版

九 尼埃林 福札門著 張伯箴 丘端曲譯 金圓外交——水沫書店版

一〇 湯麥斯蒙著 張永懋等譯 帝國主義與世界政治……新生命書局版

一一 淺野利三郞著 亞美利加史——日本三省堂版

一二 アメリカ諸國之發展（世界文化史大系第二十卷）——日本新光社版

一三 石濱知行著 美國資本主義發達史——新生命書局版

一四 戰後の世界（世界文化大系第二十三卷）——日本新光社版

一五 山脇重雄著 西洋最近世史（世界歷史大系第三十二卷）——日本平凡社版

附錄一 美國歷任大總統表

次任	姓名	出身	所屬政黨	就任日期（年·月·日）
第一任	華盛頓(George Washington)	斐基尼亞	無黨派[一]	一七八九·四·三〇
第二任	華盛頓	斐基尼亞	聯邦派[二]	一七九三·三·四
第三任	亞當斯(John Adams)	馬薩諸塞	聯邦派	一七九七·三·四
第四任	傑佛孫(Thomas Jefferson)	斐基尼亞	共和黨[三]	一八〇一·三·四
第五任	傑佛孫	斐基尼亞	共和黨	一八〇五·三·四
第六任	馬狄孫(James Madison)	斐基尼亞	共和黨	一八〇九·三·四
第七任	馬狄孫	斐基尼亞	共和黨	一八一三·三·四
第八任	門羅(James Monroe)	斐基尼亞	共和黨	一八一七·三·四
第九任	門羅	斐基尼亞	共和黨	一八二一·三·五
第十任	亞當斯(John Quincy Adams)	馬薩諸塞	共和黨	一八二五·三·四
第十一任	傑克孫(Andrew Jackson)	田納西	民主黨[四]	一八二九·三·四

第十二任	傑克孫	田納西	民主黨	一八三三・三・四
第十三任	布然(Martin Van Buren)	紐約	民主黨	一八三七・三・四
第十四任	哈禮遜(William Henry Harrison)	俄亥俄	自由黨[五]	一八四一・三・四
第十五任	泰勒耳(John Tyler)	斐基尼亞	自由黨	一八四一・四・六
第十六任	樸克(James Knox Polk)	田納西	民主黨	一八四五・三・四
第十七任	泰勒耳(Zachary Taylor)	路易西亞那	自由黨	一八四九・三・五
第十八任	斐爾摩(Millard Fillmore)	紐約	自由黨	一八五〇・七・九
第十九任	皮爾斯(Franklin Pierce)	紐罕普捨爾	民主黨	一八五三・三・四
第二十任	布卡南(James Bucahnan)	賓夕爾法尼亞	民主黨	一八五七・三・四
第二十一任	林肯(Abraham Lincoln)	伊利諾斯	共和黨	一八六一・三・四
第二十二任	林肯	伊利諾斯	共和黨	一八六五・三・四
第二十三任	約翰孫(Andrew Johnson)	田納西	共和黨	一八六五・四・一五
第二十四任	格蘭特(Ulysses Simpson Grant)	伊利諾瓦斯	共和黨	一八六九・三・四
第二十五任	格蘭特	伊利諾瓦斯	共和黨	一八七三・三・四

第二十六任	海斯(Rutherford Birchard Hayes)	俄亥俄	共和黨	一八七七・三・五
第二十七任	加飛爾(James Abram Garfield)	俄亥俄	共和黨	一八八一・三・四
第二十八任	亞搭爾(Chester Alan Arthur)	紐約	共和黨	一八八一・九・二〇
第二十九任	克里夫蘭(Grover Cleveland)	紐約	民主黨	一八八五・三・四
第三十任	哈禮遜(Benjamin Harrison)	印第安那	共和黨	一八八九・三・四
第三十一任	克里夫蘭(Grover Cleveland)	紐約	民主黨	一八九三・三・四
第三十二任	麥金萊(william Mckinley)	俄亥俄	共和黨	一八九七・三・四
第三十三任	麥金萊	俄亥俄	共和黨	一九〇一・三・四
第三十四任	羅斯福(Theodore Roosevelt)	紐約	共和黨	一九〇一・九・一四
第三十五任	羅斯福	紐約	共和黨	一九〇五・三・四
第三十六任	搭夫脫(William Howard Taft)	俄亥俄	共和黨	一九〇九・三・四
第三十七任	威爾遜(Woodrow Wilson)	新吉爾綏	民主黨	一九一三・三・四
第三十八任	威爾遜	新吉爾綏	民主黨	一九一七・三・四
第三十九任	哈定(Warren Camalied Harding)	俄亥俄	共和黨	一九二一・三・四

第四十任	柯立芝 (Calvin Coolidge)	馬薩諸塞	共和黨	一九二四·八·三
第四十一任	柯立芝	馬薩諸塞	共和黨	一九二五·三·五
第四十二任	胡佛 (Herbert Clark Hoover)	加利福尼亞	共和黨	一九二九·三·四
第四十三任	羅斯福 (Franklin Dalano Roosevelt)	紐約	民主黨	一九三三·三·四

註 [一]無黨派，即 All Parties. [二]聯邦派即 Federalist. [三]共和黨 Republican. [四]民主黨即 Democratic. [五]自由黨即 Whig.

附錄二 美利堅合衆國地理面積表

四

區名	地理區名及州名 華名	地理區名及州名 原名	年代	面積(英方里)	各區面積合計(方哩)
新英格蘭區 (New England)	緬因	Maine	一八二〇	二九、八九五	六一、九七六
	紐罕普捨爾	New Hampshire	一七八八	九、〇三一	
	佛爾蒙	Vermont	一七九一	九、一二四	
	馬薩諸塞	Massachusetts	一七八八	八、〇三九	
	羅得島	Rhode Island	一七九〇	一、〇六七	
	康涅狄克	Connecticut	一七八八	四、八二〇	
中大西洋區 (Middle Atlantic)	紐約	New York	一七八八	四七、六五四	一〇〇、〇〇〇
	新吉爾綏	New Jersey	一七八七	七、五一四	
	賓夕爾法尼亞	Pennsylvania	一七八七	四四、八三二	
北中區 (North Central)	俄亥俄	Ohio	一八〇三	四〇、七四〇	二四五、五六四
	印第安那	Indiana	一八一六	三六、〇四五	
	伊利諾瓦斯	Illinois	一八一八	五六、〇四三	
	密執安	Michigan	一八三七	五七、四八〇	

備考：表中年代，原有十三州係指批准憲法之年，餘則爲各州加入合衆國之年，海外屬地則指組成領地之年，四十九州面積計，共爲二、九七三、七七六方哩，如合水陸面積共計，四十九州面積共爲三、〇二六、

十 東 East	威斯康星	Wisconsin	一八四八	五五、二五六	
九 西北中區 (westNorthCentral)	明尼蘇達	Minnesota	一八五八	八〇、八五八	
	伊俄華	Iowa	一八四六	五五、五八六	
	密蘇里	Missouri	一八二一	六八、七二七	
	北達科大	North Dakota	一八八九	七〇、一八三	
	南達科大	South Dakota	一八八九	七六、八六八	五一〇、八〇四
	尼布拉斯加	Nebraska	一八六七	七六、八〇八	
	凱薩斯	Kansas	一八六一	八一、七七四	
南大西洋區 (South Atlantic)	德拉瓦	Delaware	一七八七	一、九六五	
	馬利蘭	Maryland	一七八八	九、九四一	
	哥倫比亞地方	District of Columbia	一七九一	六二	
	斐基尼亞	Virginia	一七八八	四〇、二六二	
	西斐基尼亞	West Virginia	一八六三	二四、〇二二	二六九、〇七三
	北加羅林那	North Carolina	一七八九	四八、七四〇	
	南加羅林那	South Carolina	一七八八	三〇、四九五	
	喬治亞	Georgia	一七八八	五八、七二五	
	弗羅里達	Florida	一八四五	五四、八六一	
區 Centarl)	堪塔基	Kentucky	一七九二	四〇、一八一	
	田納西	Tennessee	一七九六	四一、六七八	

州

東南中 (EastSouth	亞拉巴瑪	Alabama	一八一九	五一、二七九	一七九、[illegible]〇九
	密西西比	Mississippi	一八一七	四六、三六二	
西南中區 (WestSouth Central)	亞千薩斯	Arkansas	一八三六	五二、五二五	四一[illegible]、七四八
	路易西亞那	Louisiana	一八一二	四五、四〇九	
	俄克拉阿馬	Oklahoma	一九〇七	六九、四一四	
	得克撒斯	Texas	一八四五	二六二、三九八	
山區 (Mountain)	蒙達拿	Montana	一八八九	一四六、一三一	八五九、〇〇九
	伊達荷	Idaho	一八九〇	八三、三五四	
	窩明	Wyoming	一八九〇	九七、五四八	
	哥羅拉多	Colorado	一八七六	一〇三、六五八	
	新墨西哥	New Mexico	一九一二	一二二、五〇三	
	亞利桑那	Arizona	一九一二	一一三、八一〇	
	烏台	Utah	一八九六	八二、一八四	
	尼瓦達	Nevada	一八六四	一〇九、八二一	
太平洋區 (Pacific)	華盛頓	Washington	一八八九	六六、八三六	三一八、〇九五
	俄勒岡	Oregon	一八五九	九五、六〇七	
	加里福尼亞	California	一八五〇	一五五、六五二	

海外領地 不毗連地方 (Non-contiguous Territory)					
亞拉斯加	Alaska	一八六七	五八六、四〇〇	七一一、六〇六	海外屬地面積水陸均包括在內夏威夷面積包括密杜威島(MidWay I.)美屬薩摩亞包括斯溫島(Swain I.)
夏威夷(省)	Hawaii	一八九八	六、四〇七		
波多列哥	Poerto Rico	一八九九	三、四二五		
菲律賓羣島	Philippine Islands	一八九九	一一四、四〇〇		
弗爾琴羣島	Virgin Islands	一九一七	一三三		
美屬薩摩亞	Amerioan Samoa	一九〇〇	七六		
關	Guam	一八九九	二〇六		
巴拿馬運河帶地	Panama Canal Zone	一九〇四	五四九		
共計				三、六八五、三八二	

中文名詞索引

西 文 索 引

敬啟

『民國專題史』叢書，乃民國時期出版的著名學者、專家在某一專題領域的學術成果。所收圖書絶大部分著作權已進入公有領域，但仍有極少圖書著作權還在保護期内，需按相關要求支付著作權人或繼承人報酬。因未能全部聯系到相關著作權人，請見到此説明者及時與河南人民出版社聯系。

聯系人 楊光
聯系電話 0371-65788063